Data Mining i Sztuczna Inteligencja

Koncepcje, Podstawy i Zastosowania

Enrico Guardelli

Guardelli, Enrico.

Data Mining & Sztuczna Inteligencja : Koncepcje, Podstawy i Zastosowania

/ Enrico Guardelli.

Wydawca MedtechBiz, 2024.

219 s. :il. ; 23cm.

Zawiera bibliografie i indeksy.

ISBN 9798327958210

Prawa autorskie © 2024 Enrico Guardelli

Wszelkie prawa zastrzeżone

Pewne fragmenty książki nie mogą być powielane, przechowywane w systemie wyszukiwania ani przesyłane w jakiejkolwiek formie i w jakikolwiek sposób, elektronicznie, mechanicznie, kserowane, nagrywane lub w inny sposób, bez wyraźnej pisemnej zgody wydawcy.

Koncepcja okładki: MedTechBiz

STRESZCZENIE

Data Mining i sztuczna inteligencja (SI) stają się głównymi dyscyplinami umożliwiającymi przekształcanie danych w cenne spostrzeżenia.

Integracja eksploracji danych i sztucznej inteligencji umożliwia automatyzację złożonych procesów, prognozowanie trendów i autonomiczne podejmowanie decyzji.

Niniejsza książka oferuje wszechstronne i przystępne wprowadzenie do tych dziedzin, od podstawowych koncepcji po zaawansowane studia przypadków, z naciskiem na praktyczne zastosowanie przy użyciu narzędzi takich jak Python i R.

Celem jest umożliwienie czytelnikowi zastosowania technik eksploracji danych i sztucznej inteligencji do rzeczywistych problemów, przyczyniając się do innowacji i postępu w swojej dziedzinie.

STRESZCZENIE

WSTĘP..8
I. PODSTAWY DATA MINING.. 13
   Wprowadzenie do Eksploracji Danych...........................14
      Co to jest DATA MINING?.....................................16
      Historia i Ewolucja..19
      Znaczenie i Zastosowania................................... 23
      Wyzwania i Względy etyczne............................... 26
   Podstawowe Pojęcia i Terminologia............................ 29
      Dane i Informacje..33
      Metody Gromadzenia i Wstępnego Przetwarzania Danych.... 34
   Bazy Danych i Hurtownie Danych................................ 39
      Baza Danych... 40
      Modele Danych... 41
   Magazyn Danych.. 42
      Architektura Hurtowni Danych..............................44
   Metody Gromadzenia i Wstępnego Przetwarzania Danych........ 46
      Źródła Danych..47
      Wstępne Przetwarzanie Danych........................... 48
   Proces Eksploracji danych..51
      Etapy Procesu KDD... 53
   Techniki Eksploracji Danych....................................... 56
      Regulamin Stowarzyszenia................................... 56
      Klasyfikacja..60
      Regresja.. 66
      Grupowanie..71

    Wykrywanie Anomalii... 76
  Narzędzia i Rechnologie... 81
    Narzędzia Open source (Weka, RapidMiner itp.)....................... 81
    Inne Narzędzia.. 84
    Narzędzia Biznesowe... 86
    Języki Programowania do eksploracji danych (Python, R)...... 91
II. PODSTAWY SZTUCZNEJ INTELIGENCJI (SI)..................................96
  Wprowadzenie do Sztucznej Inteligencji...................................... 97
    Historia Sztucznej Inteligencji.. 101
    Obszary i Zastosowania SI... 106
  Nauczanie Maszynowe.. 112
    Podstawowe Koncepcje... 113
    Rodzaje Uczenia Się...114
    Wspólne Algorytmy..117
  Sieci Neuronowe i Głębokie Uczenie Się...................................... 120
    Struktura Sieci Neuronowych... 120
    Algorytm Propagacji Wstecznej..122
    Koncepcja Głębokiego Uczenia Się...124
    Architektury Głębokiego Uczenia Się (CNN, RNN, GAN)....... 126
  Przetwarzanie Języka Naturalnego (NLP).................................. 129
    Techniki NLP (tokenizacja, stemming, lematyzacja)..............130
    Modelowanie Języka (Bag of Words, TF-IDF, osadzanie słów).. 133
    Aplikacje NLP (analiza nastrojów, tłumaczenie maszynowe, chatboty)..136
  Wizja Komputerowa... 139
    Przetwarzanie Obrazu...139
    Wykrywanie i Rozpoznawanie Obiektów.................................143

    Zastosowania Widzenia Komputerowego....................147
III. INTEGRACJA DATA MINING I (SI).................................**149**
    Data Mining + Sztuczna Inteligencja................................150
        Komplementarność Technik...................................152
        Przykłady Integracji i Rzeczywiste Przypadki Użycia...........154
    Big Data i Sztuczna Inteligencja.....................................157
        Big Data..157
        Technologie Big Data..159
        Wyzwania i rozwiązania dla Big Data w SI...................162
    Zaawansowane Aplikacje...164
        Data Mining w Sieciach Społecznościowych...............164
        Systemy Rekomendujące.....................................166
        Analityka Predykcyjna..168
        Automatyka i Robotyka..169
IV: STUDIUM PRZYPADKU I PROJEKTY PRAKTYCZNE..........**171**
    Studium Przypadku 1: Data Mining dotyczących opieki zdrowotnej..172
    Studium Przypadku 2: Zastosowanie sztucznej inteligencji w finansach..179
    Studium Przypadku 3: Analiza nastrojów w mediach społecznościowych..186
UWAGI KOŃCOWE..**191**
    Przyszłe Trendy...192
    Refleksje..197
Dodatki..202
    Słownik Terminów...202
    Odniesienia bibliograficzne...207

WSTĘP

Rewolucję cyfrową XXI wieku charakteryzuje wykładniczy wzrost ilości danych generowanych i gromadzonych codziennie. Zjawisko to, napędzane internetem, urządzeniami mobilnymi i rozprzestrzenianiem się czujników, stworzyło środowisko, w którym jest mnóstwo informacji, ale brakuje przydatnej wiedzy.

Data Mining i sztuczna inteligencja (SI) stają się głównymi dyscyplinami umożliwiającymi przekształcanie tych ogromnych zbiorów danych w cenne spostrzeżenia, które mogą pomóc w podejmowaniu strategicznych decyzji, optymalizować procesy i tworzyć nowe możliwości.

Data Mining, znana również jako odkrywanie wiedzy w bazach danych (KDD), polega na wydobywaniu ukrytych, nieznanych i potencjalnie przydatnych wzorców z dużych ilości danych.

Proces ten obejmuje kilka etapów, od wyboru i przygotowania danych po zastosowanie wyrafinowanych technik w celu identyfikacji wzorców i trendów.

Jest szeroko stosowany w różnych obszarach, takich jak marketing, finanse, opieka zdrowotna, handel elektroniczny i wiele innych, co pokazuje jego wpływ i znaczenie.

Z drugiej strony sztuczna inteligencja to dziedzina informatyki poświęcona opracowywaniu systemów mogących wykonywać zadania, które normalnie wymagają ludzkiej inteligencji. Obejmuje to takie umiejętności, jak uczenie się, rozumowanie, percepcja i podejmowanie decyzji.

W obrębie sztucznej inteligencji uczenie maszynowe wyróżnia się jako kluczowa dziedzina, w której algorytmy są szkolone w zakresie rozpoznawania wzorców i formułowania prognoz na podstawie danych historycznych. Ostatnio głębokie uczenie się zrewolucjonizowało sztuczną inteligencję, umożliwiając znaczny postęp w takich obszarach, jak widzenie komputerowe i przetwarzanie języka naturalnego.

Integracja eksploracji danych i sztucznej inteligencji oferuje ogromny potencjał innowacji i postępu technologicznego. Podczas gdy data mining koncentruje się na wydobywaniu cennych informacji z danych, sztuczna inteligencja wykorzystuje te informacje do tworzenia inteligentnych systemów zdolnych do ciągłego doskonalenia.

Razem te dyscypliny mogą automatyzować złożone procesy, przewidywać przyszłe trendy i podejmować autonomiczne decyzje, zwiększając wydajność i skuteczność w wielu dziedzinach.

Niniejsza książka ma na celu zapewnienie wszechstronnego i przystępnego wprowadzenia do tych wzajemnie powiązanych dziedzin.

W kolejnych rozdziałach omówimy wszystko, od podstawowych koncepcji po zaawansowane studia przypadków, zapewniając pełną podróż przez wszechświat tych technologii.

Oprócz omówienia podstaw teoretycznych, kładziemy nacisk na znaczenie praktycznego zastosowania. Dlatego zamieściliśmy kilka przykładów i praktycznych projektów, które pozwalają czytelnikowi eksperymentować i stosować poznane koncepcje.

Do zilustrowania procesów eksploracji danych i rozwoju modelu SI zostaną wykorzystane popularne narzędzia i języki programowania takie jak Python i R, ułatwiające przejście od wiedzy teoretycznej do praktyki.

Etyka i odpowiedzialność w korzystaniu z eksploracji danych i sztucznej inteligencji to także kluczowe tematy omawiane w tej książce. Z wielką władzą wiąże się wielka odpowiedzialność i istotne jest, aby specjaliści w tych obszarach rozumieli społeczne i etyczne skutki swoich praktyk.

Poruszymy takie kwestie, jak prywatność, stronniczość algorytmów i przejrzystość, podkreślając potrzebę świadomego i etycznego korzystania z tych technologii.

Zapraszamy Cię do wybrania się w tę podróż pełną odkryć i nauki.

Niezależnie od tego, czy jesteś ciekawym początkującym, czy profesjonalistą pragnącym pogłębić swoją wiedzę, ta książka ma być cennym narzędziem w Twoim rozwoju.

Mamy nadzieję, że pod koniec lektury będziesz mógł zastosować techniki eksploracji danych i sztucznej inteligencji do rzeczywistych problemów, przyczyniając się do innowacji i postępu w swojej dziedzinie specjalizacji.

Rozpocznijmy tę podróż przez fascynujący świat eksploracji danych i sztucznej inteligencji!

I. PODSTAWY DATA MINING

Wprowadzenie do Eksploracji Danych

Data Mining to niezbędna technologia w erze informacji, umożliwiająca wydobywanie cennych wzorców i spostrzeżeń z dużych ilości danych.

Wraz z wykładniczym wzrostem generacji danych, zdolność do przekształcania tych danych w użyteczną wiedzę stała się kluczowa dla organizacji z różnych branż.

W pierwszej części książki omówimy podstawy eksploracji danych, zaczynając od jej definicji, ewolucji historycznej i znaczenia we współczesnym kontekście.

Omówimy podstawowe pojęcia i terminologię, takie jak różne typy danych i formy przechowywania, niezbędne dla profesjonalistów w tej dziedzinie.

Omówimy szczegółowo proces eksploracji danych, od wyboru i przygotowania danych po zastosowanie technik analitycznych, podkreślając znaczenie każdego kroku dla skutecznego odkrywania wiedzy.

Dodatkowo przeanalizujemy popularne techniki eksploracji danych, takie jak reguły asocjacji, klasyfikacja, regresja, grupowanie i wykrywanie anomalii, wraz z wyjaśnieniami teoretycznymi i praktycznymi przykładami.

Na koniec omówimy narzędzia i technologie najczęściej stosowane w eksploracji danych, zapewniając solidną podstawę do zastosowania tej wiedzy w praktyce.

Co to jest DATA MINING?

Data Mining lub data mining to proces eksploracji dużych zbiorów danych w celu odkrycia ukrytych wzorców, trendów i relacji, które można przekształcić w użyteczną wiedzę.

Ta interdyscyplinarna dziedzina łączy techniki statystyki, uczenia maszynowego, sztucznej inteligencji i zarządzania bazami danych w celu wydobywania cennych informacji z dużych ilości danych.

Według Fayyada, Piatetsky-Shapiro i Smytha (1996) data mining jest centralnym krokiem w procesie odkrywania wiedzy w bazach danych (KDD – Knowledge Discovery in Databases).

Definiują KDD jako proces iteracyjny, który obejmuje selekcję danych, wstępne przetwarzanie, transformację, eksplorację i interpretację/ocenę. W szczególności data mining to etap, w którym stosuje się metody obliczeniowe w celu zidentyfikowania znaczących wzorców.

Han, Kamber i Pei (2011) opisują eksplorację danych jako „ekstrakcję interesującej, nietrywialnej, ukrytej, wcześniej nieznanej i potencjalnie przydatnej wiedzy z danych".

Eksploracja to nie tylko analiza danych, ale także generowanie modeli, które potrafią przewidzieć przyszłe zachowania lub zrozumieć wzorce historyczne.

Turban i in. (2011) podkreślają, że eksplorację danych zastosowano w kilku obszarach, takich jak marketing, finanse, zdrowie, handel elektroniczny i bezpieczeństwo, w celu rozwiązywania złożonych problemów i podejmowania świadomych decyzji.

Autorzy zwracają uwagę, że techniki eksploracji danych pomagają identyfikować segmenty rynku, przewidywać awarie maszyn, wykrywać oszustwa i optymalizować operacje logistyczne.

Według Larose'a (2015) data mining obejmuje kilka zadań, takich jak klasyfikacja, regresja, grupowanie, wykrywanie anomalii, reguły asocjacji i podsumowywanie.

Każde z tych zadań wykorzystuje określone algorytmy do wykrywania wzorców w danych.

Na przykład klasyfikacja organizuje dane w predefiniowane kategorie, podczas gdy grupowanie dzieli dane na grupy o podobnych cechach.

Witten, Frank i Hall (2011) wyjaśniają, że data mining jest często mylona z analizą danych, istnieje jednak zasadnicza różnica.

Chociaż analiza danych może mieć charakter bardziej eksploracyjny i opisowy, data mining ma charakter predykcyjny i jest zorientowana na odkrywanie wzorców przy użyciu wyrafinowanych algorytmów.

Data Mining również stoi przed poważnymi wyzwaniami. Według Hand, Mannila i Smyth (2001) niektóre z głównych wyzwań obejmują jakość danych (niekompletne, zaszumione lub niespójne dane), skalowalność (obsługa dużych ilości danych) i prywatność (zapewnienie, że analiza danych nie naruszy prywatność osób).

Historia i Ewolucja

Historia eksploracji danych naznaczona jest postępem technologicznym i metodologicznym, który zmienił sposób analizy i interpretacji danych.

Ewolucję eksploracji danych można podzielić na kilka faz, z których każda jest napędzana rozwojem technologii informatycznych, statystycznych i przechowywania danych.

Przed latami sześćdziesiątymi XX wieku analizę danych przeprowadzano ręcznie, stosując techniki statystyczne rozwijane przez stulecia.

Statystycy tacy jak Ronald Fisher i Karl Pearson wprowadzili metody opisywania i wnioskowania o właściwościach zbiorów danych, kładąc podwaliny pod analizę danych.

Wraz z pojawieniem się informatyki (lata 60. i 70. XX w.) zaczęto wykorzystywać komputeryzację do analizy danych.

Opracowanie relacyjnych baz danych przez Edgara F. Codda w 1970 r. zrewolucjonizowało sposób przechowywania i wyszukiwania danych. Relacyjne bazy danych umożliwiły efektywne zarządzanie dużymi wolumenami danych i położyły podwaliny pod nowoczesną eksplorację danych.

W latach 80. dziedzina sztucznej inteligencji (SI) zaczęła zyskiwać na znaczeniu, a badacze opracowali algorytmy zdolne do uczenia się na podstawie danych.

Uczenie maszynowe, poddziedzina sztucznej inteligencji, stało się ważną dyscypliną, wraz z wprowadzeniem algorytmów, takich jak drzewa decyzyjne, sieci neuronowe i metody grupowania.

W połowie pierwszej dekady XXI wieku byliśmy świadkami eksplozji ilości generowanych danych, częściowo spowodowanej rozwojem Internetu i handlu elektronicznego. Doprowadziło to do rozwoju bardziej zaawansowanych technik eksploracji danych do obsługi dużych ilości danych.

Publikacja „Od eksploracji danych do odkrywania wiedzy w bazach danych" autorstwa Fayyada, Piatetsky-Shapiro i Smytha (1996) sformalizowała proces KDD i podkreśliła znaczenie eksploracji danych.

Wraz ze wzrostem mocy obliczeniowej i dostępnością narzędzi komercyjnych, takich jak SAS, SPSS i IBM Cognos, data mining stała się dostępna dla firm i organizacji.

Integracja eksploracji danych z systemami analityki biznesowej (BI) umożliwiła wydobycie cennych spostrzeżeń z danych biznesowych w celu usprawnienia procesu decyzyjnego.

Ostatnia dekada upłynęła pod znakiem pojawienia się Big Data, charakteryzującego się trzema V: ilością, szybkością i różnorodnością. Technologie takie jak Hadoop i Spark umożliwiły rozproszone przetwarzanie dużych zbiorów danych.

Jednocześnie głębokie uczenie się zrewolucjonizowało dziedzinę eksploracji danych, zwłaszcza w takich obszarach, jak widzenie komputerowe i przetwarzanie języka naturalnego.

Głębokie sieci neuronowe, zasilane jednostkami przetwarzania grafiki (GPU), wykazały imponujące wyniki w złożonych zadaniach rozpoznawania wzorców.

Przyszłość eksploracji danych jest nierozerwalnie związana z ciągłym postępem w dziedzinie sztucznej inteligencji, obliczeń kwantowych i Internetu rzeczy (IoT).

Zdolność do przetwarzania i analizowania danych w czasie rzeczywistym w połączeniu z zaawansowanymi technikami sztucznej inteligencji, takimi jak generatywne sieci kontradyktoryjne (GAN) i uczenie się przez wzmacnianie, stanowi obietnicę dalszej transformacji eksploracji danych i jej zastosowań.

Znaczenie i Zastosowania

Data Mining w erze informacji oferuje liczne korzyści i zastosowania w różnych sektorach ze względu na zdolność przekształcania dużych ilości surowych danych w cenne informacje.

Pomaga organizacjom podejmować decyzje strategiczne i operacyjne oparte na danych, zmniejszając zależność od intuicji i założeń. Analityka predykcyjna i opisowa zapewnia wgląd w przyszłe trendy i przeszłe zachowania.

Firmy, które wykorzystują eksplorację danych do analizy zachowań klientów, optymalizacji działań i przewidywania trendów rynkowych, zyskują znaczącą przewagę konkurencyjną. Mogą personalizować oferty, poprawiać satysfakcję klientów i zwiększać efektywność operacyjną.

Data Mining umożliwia odkrycie ukrytych wzorców i zależności w dużych zbiorach danych, których nie da się wykryć tradycyjnymi metodami analitycznymi, mającymi zastosowanie przy innowacjach i rozwoju nowych produktów i usług.

Algorytmy mogą automatyzować powtarzalne i złożone zadania, takie jak wykrywanie oszustw czy monitorowanie jakości, umożliwiając organizacjom skupienie zasobów na działaniach strategicznych.

W marketingu i sprzedaży technika ta stosowana jest do segmentacji klientów, personalizacji kampanii marketingowych, prognozowania sprzedaży i analizy skuteczności strategii marketingowych.

W opiece zdrowotnej data mining może przewidywać wybuchy chorób, personalizować metody leczenia, identyfikować wzorce chorób i usprawniać zarządzanie szpitalem.

Banki i instytucje finansowe wykorzystują eksplorację danych do wykrywania oszustw, oceny ryzyka kredytowego, przewidywania wahań rynkowych i optymalizacji portfeli inwestycyjnych.

Analityka danych w produkcji pomaga przewidywać awarie maszyn, optymalizować łańcuchy dostaw, poprawiać jakość produktów i obniżać koszty operacyjne.

Instytucje edukacyjne przyspieszają analizę wyników uczniów, identyfikują potrzeby edukacyjne, poprawiając retencję uczniów.

Co więcej, data mining pomaga wykrywać działalność przestępczą, analizować wzorce przestępczości, przewidywać incydenty i efektywniej alokować zasoby bezpieczeństwa.

Wyzwania i Względy etyczne

Chociaż data mining oferuje liczne korzyści, stwarza również poważne wyzwania i rodzi ważne kwestie etyczne, które należy szczegółowo rozważyć.

Niekompletne, zaszumione lub niespójne dane mogą zagrozić dokładności analiz. Czyszczenie i przygotowanie danych to etapy krytyczne, ale często stanowiące wyzwanie.

Wraz z wykładniczym wzrostem ilości danych problemem staje się skalowalność rozwiązań do eksploracji danych. Algorytmy i systemy muszą być w stanie efektywnie obsługiwać duże ilości danych.

Inną kwestią jest to, że przełożenie wyników eksploracji danych na praktyczne spostrzeżenia może być złożone. Wymaga umiejętności prawidłowej interpretacji odkrytych wzorców i trendów.

Zapewnienie prywatności danych osobowych i zabezpieczenie przed nieuprawnionym dostępem jest nieustannym wyzwaniem, szczególnie w obliczu zaostrzających się przepisów o ochronie danych.

Gromadzenie i analiza dużych ilości danych osobowych może naruszać prywatność osób fizycznych. Niezwykle istotne jest zapewnienie anonimizacji danych oraz ich wykorzystywania w sposób etyczny i zgodny z prawem.

Powstaje pytanie, czy algorytmy eksploracji danych mogą utrwalić lub wzmocnić istniejące błędy, jeśli dane szkoleniowe są stronnicze, a jednocześnie uczciwe i bezstronne.

Nieprzezroczystość, zwłaszcza w przypadku głębokiego uczenia się, rodzi pytania o zdolność wyjaśniania i uzasadniania zautomatyzowanych decyzji.

Osoby fizyczne muszą zostać poinformowane o tym, w jaki sposób ich dane będą wykorzystywane i wyrazić wyraźną zgodę, zapewniając przejrzystość i przestrzeganie zgody, co stanowi etyczne filary ineracji danych.

Organizacje mają obowiązek etycznego zarządzania danymi i konsekwencjami decyzji podejmowanych na podstawie analizy danych, a także muszą wdrożyć solidne zasady i praktyki w zakresie zarządzania danymi.

Podstawowe Pojęcia i Terminologia

Data Mining to interdyscyplinarna dziedzina, która łączy statystykę, uczenie maszynowe, sztuczną inteligencję i zarządzanie bazami danych. Aby zrozumieć ten obszar, konieczne jest zapoznanie się z kilkoma podstawowymi pojęciami i terminologią.

Data Mining, znana również jako „data mining", to proces odkrywania wzorców, powiązań, zmian, anomalii i struktur statystycznych w dużych zbiorach danych.

Według Hana, Kambera i Pei (2011) data mining to „wydobywanie z danych interesującej, nietrywialnej, ukrytej, wcześniej nieznanej i potencjalnie przydatnej wiedzy".

KDD (odkrywanie wiedzy w bazach danych): Fayyad, Piatetsky-Shapiro i Smyth (1996) definiują KDD jako kompletny proces odkrywania wiedzy w bazach danych, którego jednym z głównych etapów jest data mining.

Etapy KDD to selekcja, wstępne przetwarzanie, transformacja, data mining i interpretacja/ocena.

Algorytm eksploracji danych: Jest to zestaw instrukcji krok po kroku używanych do eksploracji danych. Przykłady obejmują algorytmy klasyfikacji, grupowania i regresji.

Hurtownia danych: Według Kimballa i Rossa (2013) hurtownia danych to tematyczny, zintegrowany, nieulotny i zmienny w czasie zbiór danych, który wspiera proces podejmowania decyzji zarządczych.

Duże dane: zbiory danych, które są tak duże lub złożone, że tradycyjne narzędzia do przetwarzania danych nie są w stanie sobie z nimi poradzić. Laney (2001) opisał trzy Vs Big Data: objętość, różnorodność i prędkość.

Instancja lub rejestr: pojedynczy element lub wiersz w zbiorze danych, reprezentujący konkretną jednostkę. Na przykład wiersz w tabeli klientów reprezentujący indywidualnego klienta.

Atrybut lub cecha: właściwość lub cecha instancji, zwana także polem lub kolumną. Na przykład „wiek" lub „wynagrodzenie" klienta.

Klasyfikacja: proces identyfikowania kategorii lub klasy, do której należy nowy rekord, w oparciu o zbiór danych zawierający rekordy, których przynależność do kategorii jest znana. Przykłady algorytmów klasyfikacji obejmują drzewa decyzyjne, sieci neuronowe i maszyny wektorów nośnych (SVM).

Grupowanie : proces dzielenia zbioru danych na grupy lub skupienia, w którym elementy w obrębie grupy są do siebie bardziej podobne niż do elementów w innych grupach. Typowe algorytmy grupowania obejmują K-średnie i DBSCAN.

Regulamin stowarzyszenia : ciekawe relacje pomiędzy zmiennymi w dużych bazach danych. Klasycznym przykładem jest analiza koszyka rynkowego, podczas której identyfikowane są wzorce takie jak „jeśli klient kupuje chleb, prawdopodobnie kupi także masło".

Regresja: technika stosowana do przewidywania ciągłej wartości liczbowej na podstawie zestawu danych. Regresja liniowa jest jedną z najprostszych i najczęściej stosowanych metod.

Wstępne przetwarzanie danych: techniki przygotowania danych do eksploracji, takie jak czyszczenie danych, transformacja, redukcja i dyskretyzacja. Według Hana, Kambera i Pei (2011) ten krok jest kluczowy dla zapewnienia jakości i dokładności wyników eksploracji danych.

Dane i Informacje

Aby zrozumieć eksplorację danych, konieczne jest rozróżnienie pojęć danych i informacji.

Dane to surowe, nieprzetworzone fakty, które można zebrać z różnych źródeł. Stanowią surowiec do eksploracji danych i mogą przybierać różne formy.

Informacja to przetwarzane i interpretowane dane, które mają znaczenie i wartość dla procesu decyzyjnego. Proces przekształcania danych w informacje obejmuje zastosowanie technik eksploracji danych w celu odkrycia wzorców i spostrzeżeń. Według Davenporta i Prusaka (1998) informacja to „dane obdarzone stosownością i celem".

Metody Gromadzenia i Wstępnego Przetwarzania Danych

Data Mining zajmuje się różnymi typami danych, które można podzielić na trzy główne kategorie: ustrukturyzowane, częściowo ustrukturyzowane i nieustrukturyzowane.

Każdy typ danych ma odrębną charakterystykę i wymaga określonego podejścia do ich przechowywania, przetwarzania i analizy.

Dane strukturalne są zorganizowane w określonym formacie, zazwyczaj w tabelach relacyjnych baz danych. Każda tabela zawiera wiersze i kolumny, przy czym każda kolumna reprezentuje określony atrybut, a każdy wiersz odpowiada unikalnemu rekordowi.

Ten tabelaryczny format umożliwia łatwy dostęp i manipulowanie danymi przy użyciu języków zapytań, takich jak SQL (Structured Query Language).

Według Elmasriego i Navathe'a (2010) dane strukturalne charakteryzują się sztywnością i precyzją. Są szeroko stosowane w aplikacjach korporacyjnych, takich jak systemy zarządzania transakcjami, gdzie kluczowa jest spójność i integralność danych.

Typowe przykłady danych strukturalnych obejmują zapisy transakcji, informacje o klientach, zapasy produktów i dane finansowe.

Zaletą danych strukturalnych jest łatwość ich przechowywania i wyszukiwania. Relacyjne bazy danych, takie jak MySQL, Oracle i SQL Server, oferują solidne mechanizmy zapewniające integralność danych, wykonywanie złożonych zapytań i utrzymanie spójności transakcyjnej.

Dane częściowo ustrukturyzowane nie mają sztywnego formatu, jak dane ustrukturyzowane, ale nadal mają pewien poziom organizacji i tagowania, co pozwala na interpretację i przetwarzanie.

Typowymi przykładami są dokumenty XML (eXtensible Markup Language) i JSON (JavaScript Object Notation), które są często używane do wymiany danych pomiędzy różnymi systemami.

Według Abiteboula, Bunemana i Suciu (2000) dane częściowo ustrukturyzowane są elastyczne i mogą łatwo ewoluować w czasie.

Ta elastyczność jest szczególnie przydatna w środowiskach, w których struktura danych nie jest z góry w pełni znana lub może się często zmieniać, na przykład podczas integrowania danych z wielu heterogenicznych źródeł lub wymiany danych między aplikacjami internetowymi.

Dane częściowo ustrukturyzowane są często wykorzystywane w aplikacjach do integracji danych, usługach internetowych i interfejsach API (interfejsach programowania aplikacji). Umożliwiają modelowanie złożonych i hierarchicznych danych, które trudno jest przedstawić w tabelach relacyjnych.

Dane nieustrukturyzowane nie mają żadnego predefiniowanego schematu ani struktury. Obejmują szeroką gamę typów danych, takich jak dowolny tekst, obrazy, filmy, pliki audio, e-maile, dokumenty tekstowe, wpisy w mediach społecznościowych i dane z czujników.

Russom (2011) podkreśla, że dane nieustrukturyzowane stanowią większość obecnie dostępnych danych, szczególnie w obliczu rozwoju mediów społecznościowych i cyfryzacji treści multimedialnych.

Analiza tych danych wymaga zaawansowanych technik przetwarzania, takich jak przetwarzanie języka naturalnego (NLP), wizja komputerowa i analiza nastrojów.

Chociaż dane nieustrukturyzowane są trudniejsze w zarządzaniu i analizie niż dane ustrukturyzowane i częściowo ustrukturyzowane, zawierają one cenne informacje, które mogą zapewnić głęboki wgląd.

Na przykład analiza opinii w sieciach społecznościowych może pomóc firmom zrozumieć sposób, w jaki społeczeństwo postrzega ich produkty i usługi. Podobnie analiza obrazu medycznego może pomóc w diagnozowaniu chorób.

Zrozumienie różnych typów danych ma fundamentalne znaczenie w eksploracji danych, ponieważ każdy typ wymaga określonego podejścia do ich przechowywania, przetwarzania i analizy.

Dane ustrukturyzowane zapewniają precyzję i łatwość manipulacji, dane częściowo ustrukturyzowane zapewniają elastyczność i możliwości adaptacji, a dane nieustrukturyzowane zawierają mnóstwo informacji wymagających eksploracji zaawansowanych technik.

W miarę ciągłego wzrostu ilości i różnorodności danych, zdolność do zarządzania wszystkimi tego typu danymi i wydobywania wartości z nich staje się coraz ważniejsza dla organizacji.

Bazy Danych i Hurtownie Danych

Gwałtowny wzrost ilości danych w ostatnich dziesięcioleciach spowodował zapotrzebowanie na wydajne systemy do przechowywania, zarządzania i analizowania dużych ilości informacji.

W tym kontekście wyróżniają się dwa podstawowe pojęcia: bazy danych i hurtownie danych.

Celem tego rozdziału jest zbadanie tych koncepcji, ich charakterystyki, architektury i głównych zastosowań w oparciu o prace uznanych autorów w tej dziedzinie.

Baza Danych

Bazy danych to zorganizowane systemy umożliwiające efektywne przechowywanie, zarządzanie i wyszukiwanie danych. Stanowią one podstawę wielu nowoczesnych aplikacji komputerowych, od systemów bankowych po platformy mediów społecznościowych.

Według Date (2004) baza danych to „zbiór przechowywanych danych operacyjnych wykorzystywanych przez aplikacje określonej organizacji" (Date, CJ *Wprowadzenie do systemów baz danych*).

Koncepcja ta podkreśla centralną rolę baz danych we wsparciu codziennych procesów operacyjnych organizacji.

Modele Danych

Modele danych definiują sposób, w jaki dane są uporządkowane i manipulowane w bazie danych. Istnieje kilka modeli, z których najpopularniejszymi są model relacyjny, model obiektowy i model NoSQL.

Wprowadzony przez Edgara F. Codda w 1970 roku **model relacyjny** organizuje dane w tabele (relacje), którymi można manipulować za pomocą ustrukturyzowanego języka zapytań, znanego jako *SQL (Structured Query Language)*.

Model zorientowany obiektowo integruje koncepcje programowania obiektowego z systemami baz danych, umożliwiając przechowywanie danych w postaci złożonych obiektów, w tym metod i atrybutów.

Zaprojektowany do obsługi dużych ilości nieustrukturyzowanych danych, **model NoSQL** oferuje elastyczność i skalowalność, których nie zapewniają tradycyjne modele.

Magazyn Danych

Koncepcja hurtowni danych odnosi się do procesu gromadzenia, przechowywania i zarządzania danymi z wielu źródeł w celu ułatwienia analizy i podejmowania strategicznych decyzji.

Inmon (2005) definiuje hurtownię danych jako „zorientowany tematycznie, zintegrowany, zmienny w czasie i nieulotny zbiór danych, który wspiera proces podejmowania decyzji".

Koncepcja ta podkreśla cztery podstawowe cechy hurtowni danych: zorientowana tematycznie, zintegrowana, skonsolidowana, zmienna w czasie i nieulotna.

Pierwsza dotyczy skupienia się na konkretnych obszarach zainteresowań, takich jak sprzedaż, finanse czy marketing. Pochodzący z różnych źródeł jest zintegrowany i skonsolidowany, co gwarantuje spójność i dokładność.

Hurtownia danych przechowuje historie danych w celu analizowania trendów i wzorców w czasie. Dane wprowadzone do hurtowni danych nie mogą być zmieniane ani usuwane, co pozwala zachować integralność historyczną.

Architektura Hurtowni Danych

Architektura hurtowni danych składa się z kilku warstw współpracujących w celu gromadzenia, przekształcania i udostępniania danych do analizy:

Proces **ETL (Extract, Transform, Load)** ma fundamentalne znaczenie dla integracji danych z różnych źródeł. Kimball i Ross (2013) opisują ten proces jako „szkielet hurtowni danych", podkreślając jego znaczenie w zapewnianiu czystych i spójnych danych.

Etapowanie danych to tymczasowy obszar, w którym dane są przechowywane przed przekształceniem i załadowaniem do hurtowni danych.

Obszar **Prezentacji Danych** to warstwa, w której przekształcone dane są udostępniane użytkownikom końcowym za pośrednictwem narzędzi i raportów Business Intelligence (BI). Narzędzia i interfejsy (Data Access Tools) umożliwiają odpytywanie i analizę przechowywanych danych.

Bazy danych i hurtownie danych to kluczowe elementy ekosystemu IT współczesnych organizacji.

Podczas gdy bazy danych wspierają codzienne operacje, hurtownie danych zapewniają strategiczny i analityczny obraz danych, niezbędny do podejmowania świadomych decyzji.

Metody Gromadzenia i Wstępnego Przetwarzania Danych

Gromadzenie i wstępne przetwarzanie danych to podstawowe etapy cyklu życia każdego projektu analizy danych. Zapewniają, że surowe dane, pochodzące z różnych źródeł, zostaną przekształcone w przydatne i dokładne informacje do późniejszej analizy.

W tym rozdziale omówiono główne metody gromadzenia danych i techniki wstępnego przetwarzania w oparciu o referencje uznanych autorów w tej dziedzinie.

Gromadzenie danych polega na pozyskiwaniu informacji z różnych źródeł, które mogą mieć charakter ustrukturyzowany lub nieustrukturyzowany i ma kluczowe znaczenie dla integralności i jakości późniejszych analiz.

Według Tan, Steinbach i Kumar (2019) gromadzenie danych można przeprowadzić na różne sposoby, w zależności od kontekstu i celów projektu.

Źródła Danych

Źródła pierwotne obejmują dane zebrane bezpośrednio ze źródła pierwotnego, takie jak wywiady, kwestionariusze i eksperymenty, powszechnie stosowane w badaniach naukowych i badaniach rynku. Gromadzenie danych pierwotnych jest niezbędne, aby zagwarantować istotność i specyfikę informacji.

Źródła wtórne, gromadzone i dostępne za pośrednictwem innych ankiet, raportów, publicznych baz danych i dokumentów administracyjnych, są cenne, ponieważ zapewniają dostęp do dużych ilości danych w opłacalny i wydajny sposób.

Dane generowane automatycznie przez systemy i urządzenia, takie jak logi serwerów, czujniki IoT (Internet of Things) i sieci społecznościowe, stanowią **Źródła Automatyczne**, ważne dla analizy w czasie rzeczywistym i dużych zbiorów danych.

Wstępne Przetwarzanie Danych

Wstępne przetwarzanie danych to krytyczny etap obejmujący czyszczenie, przekształcanie i przygotowanie surowych danych do analizy.

Han, Pei i Kamber (2011) stwierdzają, że jakość danych jest czynnikiem decydującym o powodzeniu każdej analizy danych, a wstępne przetwarzanie ma na celu zagwarantowanie tej jakości.

Czyszczenie danych to proces identyfikowania i korygowania błędów i niespójności w surowych danych. Obejmuje to usuwanie duplikatów, obsługę brakujących wartości i poprawianie błędów wejściowych.

Powielanie lub powtarzanie zapisów może zniekształcić analizy, przez co higiena jest niezbędna do zapewnienia integralności danych.

Brakujące wartości można obsługiwać na kilka sposobów, w tym poprzez imputację średniej, mediany lub trybu, a nawet usuwanie niekompletnych rekordów. Little i

Rubin (2019) sugerują, że wybór metody leczenia zależy od wzorca brakujących danych.

Identyfikowanie i poprawianie literówek, niespójności i rozbieżności w danych to proces, który może obejmować standaryzację formatów i weryfikację krzyżową z wiarygodnymi źródłami.

Niezbędna jest także transformacja danych, taka jak konwersja surowych danych do formatu odpowiedniego do analizy, normalizacji, standaryzacji, agregacji i dyskretyzacji.

W normalizacji dane są dostosowywane tak, aby mieściły się we wspólnym zakresie, co ułatwia porównanie różnych zestawów danych. Standaryzując dane, konwertuje je do rozkładu o średniej zero i odchyleniu standardowym jeden, przydatnego w technikach uczenia maszynowego (Bishop, 2006, *Rozpoznawanie wzorców i uczenie maszynowe*).

Innym procesem jest łączenie wielu rekordów w jeden podsumowany rekord (agregacja), co jest przydatne do uproszczenia analizy i zmniejszenia objętości danych.

Dlatego gromadzenie i wstępne przetwarzanie danych to niezbędne kroki zapewniające jakość i użyteczność analiz danych. Skuteczne metody gromadzenia zapewniają, że dane są reprezentatywne i kompleksowe, a solidne techniki wstępnego przetwarzania zapewniają, że dane są czyste i gotowe do analizy.

Zrozumienie i zastosowanie tych technik, omówionych przez autorów takich jak Tan, Steinbach, Kumar i Han, ma fundamentalne znaczenie dla powodzenia każdego projektu analizy danych.

Proces Eksploracji danych

Data Mining to proces wydobywania wzorców, wiedzy i przydatnych informacji z dużych zbiorów danych.

Wykorzystując techniki statystyczne, uczenie maszynowe i sztuczną inteligencję, proces ten ma na celu przekształcenie surowych danych w przydatne spostrzeżenia przydatne w podejmowaniu decyzji.

Według Han, Pei i Kamber (2011) data mining obejmuje kilka etapów, w tym wybór odpowiednich danych, czyszczenie i wstępne przetwarzanie danych, przekształcanie danych do formatu odpowiedniego do eksploracji, zastosowanie eksploracji w celu identyfikacji wzorców oraz interpretacja i ocena wyników.

Potencjalna transformacja różnorodnych sektorów, takich jak marketing, finanse, opieka zdrowotna i nauki społeczne, gdzie w sposób ciągły generowane są duże wolumeny danych, data mining ułatwia identyfikację ukrytych trendów, zachowań klientów, wykrywanie oszustw i optymalizację operacji.

Według Wittena, Franka i Halla (2011) skuteczność eksploracji danych zależy od jakości danych i odpowiedniego doboru algorytmów, dlatego ważne jest, aby wyniki były dokładne, istotne i możliwe do interpretacji, aby można je było skutecznie stosowane w praktycznych kontekstach.

Etapy Procesu KDD

Proces KDD (Knowledge Discovery in Databases) to systematyczny zestaw kroków mających na celu wydobycie użytecznej i możliwej do interpretacji wiedzy z dużych ilości danych.

Według Fayyada, Piatetsky-Shapiro i Smytha (1996) proces KDD składa się z kilku interaktywnych i interaktywnych etapów, które obejmują selekcję, wstępne przetwarzanie, transformację, eksplorację danych i interpretację/ocenę wyników.

Pierwszym krokiem procesu KDD jest wybranie do analizy odpowiednich danych z różnych źródeł. Ten krok jest kluczowy, ponieważ jakość i trafność wybranych danych bezpośrednio wpływają na wyniki wyszukiwania.

Han, Pei i Kamber (2011) podkreślają, że przy wyborze należy wziąć pod uwagę reprezentatywność danych w odniesieniu do interesującego nas problemu, zapewniając uwzględnienie wszystkich istotnych aspektów (*Data Mining: Concepts and Techniques*).

Po dokonaniu selekcji dane należy przygotować i oczyścić w celu usunięcia szumów i niespójności. Obejmuje to poprawianie błędów, obsługę brakujących wartości i eliminowanie duplikatów.

Little i Rubin (2019) podkreślają znaczenie wstępnego przetwarzania dla zapewnienia jakości danych, która jest niezbędna dla efektywności kolejnych etapów (*Analiza statystyczna z brakującymi danymi*).

Na etapie transformacji dane są konwertowane do odpowiednich formatów do eksploracji. Może to obejmować normalizację, agregację, dyskretyzację i tworzenie nowych zmiennych pochodnych. Właściwa transformacja danych poprawia efektywność algorytmów eksploracji i jakość odkrywanych wzorców.

Data Mining to centralny etap procesu KDD, w którym stosowane są techniki eksploracji, takie jak algorytmy uczenia maszynowego, w celu wyodrębnienia wzorców i wiedzy z przekształconych danych.

Witten, Frank i Hall (2011) wyjaśniają, że wybór algorytmu eksploracji zależy od charakteru danych i celów analizy i może obejmować metody klasyfikacji, regresji, grupowania i asocjacji.

Ostatnim krokiem jest interpretacja odkrytych wzorców oraz ocena ich trafności i przydatności. Wyniki należy zweryfikować i zinterpretować w kontekście problemu biznesowego lub badawczego.

Ta faza ma kluczowe znaczenie dla przekształcenia surowych wzorców w praktyczną wiedzę, umożliwiającą skuteczne zastosowanie wyników w procesie decyzyjnym.

Techniki Eksploracji Danych

Regulamin Stowarzyszenia

Reguły asocjacyjne to podstawowa technika eksploracji danych, używana do odkrywania interesujących i częstych relacji między zmiennymi w dużych zbiorach danych.

Technika ta została początkowo spopularyzowana przez algorytm Apriori, wprowadzony przez Agrawala, Imielińskiego i Swamiego (1993), którego celem jest identyfikacja zbiorów częstych pozycji w transakcjach i wyprowadzanie reguł asocjacji z tych zbiorów.

Są one szczególnie przydatne w zastosowaniach detalicznych do analizy koszyka zakupów, gdzie staramy się zrozumieć, które produkty są często kupowane razem.

Algorytm **Apriori** jest jednym z najbardziej znanych podejść do generowania reguł asocjacyjnych. Działa w dwóch głównych etapach: znajdowanie częstych zestawów elementów i generowanie reguł asocjacji na podstawie tych zbiorów.

Według Han, Pei i Kamber (2011) Apriori wykorzystuje antymonotonną właściwość zbiorów pozycji, która stwierdza, że jeśli zbiór elementów jest częsty, częste są także wszystkie jego podbiory. Pozwala to algorytmowi zmniejszyć przestrzeń poszukiwań, zwiększając jego efektywność.

Aby ocenić jakość reguł asocjacji, stosuje się takie wskaźniki, jak wsparcie, pewność i wzrost. Wsparcie wskazuje, jak często zestaw pozycji pojawia się w bazie danych, natomiast pewność mierzy prawdopodobieństwo, że następna pozycja występuje w transakcjach zawierających pozycję poprzedzającą. Podnoszenie określa ilościowo niezależność między elementami poprzedzającymi i następującymi.

Opracowano kilka ulepszeń i rozszerzeń algorytmu Apriori w celu zwiększenia wydajności i możliwości zastosowania eksploracji reguł asocjacyjnych.

Wśród nich wyróżnia się algorytm FP-Growth, wprowadzony przez Hana i in. (2000), który wykorzystuje strukturę drzewa do reprezentowania częstych zestawów pozycji, eliminując potrzebę powtarzalnego generowania kandydatów. Dzięki temu FP-Growth jest znacznie szybszy i wydajniejszy w porównaniu do Apriori.

Reguły asocjacyjne mają szeroki zakres praktycznych zastosowań wykraczających poza analizę koszyka rynkowego. Wykorzystuje się je w kilku obszarach, takich jak bioinformatyka, do identyfikacji współwystępowania genów oraz w marketingu, do segmentacji klientów i rekomendacji produktów.

Witten, Frank i Hall (2011) zwracają uwagę, że elastyczność i możliwość interpretacji reguł asocjacyjnych czynią je potężnym narzędziem do odkrywania wiedzy w wielu dziedzinach.

Pomimo swoich zalet eksploracja reguł asocjacyjnych stoi przed poważnymi wyzwaniami, takimi jak generowanie dużej liczby reguł, z których wiele może być zbędnych lub nieistotnych.

Ponadto problematyczna może być konieczność ustalenia odpowiednich granic wsparcia i zaufania. Agrawal i Srikant (1994) sugerują, że zdefiniowanie dodatkowych metryk i włączenie wiedzy dziedzinowej może pomóc złagodzić te wyzwania i poprawić jakość odkrytych reguł.

Klasyfikacja

Jest to jedna z najbardziej podstawowych i szeroko stosowanych technik eksploracji danych i uczenia maszynowego.

Celem klasyfikacji jest przewidzenie kategorii lub klasy nowych obserwacji w oparciu o zbiór danych uczących składający się z przypadków, których klasy są znane.

Według Han, Pei i Kamber (2011) klasyfikacja ma kilka zastosowań, takich jak diagnoza medyczna, rozpoznawanie wzorców i wykrywanie oszustw.

Istnieje kilka algorytmów klasyfikacji, każdy z nich ma swoją specyficzną charakterystykę i obszary zastosowania. Do najpopularniejszych należą algorytmy drzew decyzyjnych, k-najbliższych sąsiadów (k-NN), maszyny wektorów nośnych (SVM) i sieci neuronowe.

Mitchell (1997) opisuje, że wybór algorytmu zależy od takich czynników, jak charakter danych, potrzeba interpretacji i pożądana precyzja.

Drzewa decyzyjne to modele klasyfikacyjne, które dzielą dane na jednorodne podzbiory w oparciu o charakterystykę danych. Każdy węzeł wewnętrzny reprezentuje „pytanie" dotyczące cechy, a każdy liść reprezentuje klasę.

Quinlan (1986) spopularyzował algorytm ID3, który do budowy drzewa wykorzystuje miarę wzmocnienia informacji. Drzewa decyzyjne są intuicyjne i łatwe w interpretacji, co czyni je częstym wyborem w wielu zastosowaniach.

Algorytm **k-Nearest Neighbors (k-NN)** klasyfikuje nową instancję w oparciu o klasy „k" najbliższych instancji w przestrzeni cech. Cover i Hart (1967) wprowadzili tę metodę, która w wielu przypadkach jest prosta i skuteczna.

Jednak na jego skuteczność mogą wpływać zakłócone dane i duża wymiarowość, co wymaga stosowania technik wstępnego przetwarzania w celu poprawy wydajności.

Zaawansowana metoda **maszyn wektorów nośnych (SVM)** ma na celu znalezienie hiperpłaszczyzny, która najlepiej oddziela klasy w wielowymiarowej przestrzeni cech.

Vapnik (1995) opisuje, że maszyny SVM są szczególnie skuteczne w problemach klasyfikacji binarnej i są w stanie radzić sobie z danymi nieliniowo separowalnymi za pomocą jąder. Maszyny SVM są znane ze swojej wysokiej dokładności i zdolności uogólniania.

Sieci neuronowe to modele inspirowane strukturą ludzkiego mózgu, złożone z warstw sztucznych neuronów. Każdy neuron wykonuje liniową kombinację danych wejściowych, po której następuje funkcja aktywacji.

Rumelhart, Hinton i Williams (1986) podkreślili znaczenie sieci neuronowych i algorytmu propagacji wstecznej w szkoleniu tych sieci, umożliwiając im uczenie się złożonych wzorców w danych. Są szczególnie skuteczne w złożonych problemach, takich jak rozpoznawanie obrazów i przetwarzanie języka naturalnego.

Aby ocenić wydajność modeli klasyfikacyjnych, stosuje się kilka metryk, w tym dokładność, precyzję, przypominanie i metrykę F1.

Witten, Frank i Hall (2011) wyjaśniają, że metryki te pomagają lepiej zrozumieć działanie modeli i ich przydatność w przypadku konkretnego problemu.

Wybór metryki zależy od kontekstu problemu i konsekwencji błędnej klasyfikacji, co ma szerokie zastosowanie praktyczne w różnych dziedzinach.

W służbie zdrowia wykorzystuje się go do automatycznych diagnoz medycznych, gdzie modele klasyfikacyjne pomagają przewidzieć obecność chorób na podstawie danych z badań.

W sektorze finansowym służy do wykrywania oszustw w transakcjach, identyfikując nietypowe wzorce, które mogą wskazywać na oszukańcze działania.

Dodatkowo w marketingu modele klasyfikacyjne pomagają segmentować klientów i personalizować oferty na podstawie przeszłych zachowań i preferencji.

Pomimo swojej użyteczności, klasyfikacja napotyka kilka wyzwań, takich jak problem braku równowagi klas, w którym niektóre klasy są reprezentowane znacznie częściej niż inne, co wpływa na wydajność modelu.

Han, Pei i Kamber (2011) sugerują techniki takie jak próbkowanie warstwowe i ważenie klas, aby złagodzić te problemy.

Kolejnym wyzwaniem jest wysoka wymiarowość danych, której można zaradzić za pomocą technik redukcji wymiarowości, takich jak PCA (analiza głównych składowych).

Klasyfikacja to potężna i wszechstronna technika eksploracji danych, posiadająca szeroką gamę algorytmów i zastosowań praktycznych.

Wybór odpowiedniego algorytmu, wraz z głębokim zrozumieniem wskaźników oceny i wyzwań związanych z konkretnym problemem, ma kluczowe znaczenie dla pomyślnej klasyfikacji w rzeczywistych scenariuszach.

Wraz z ciągłym rozwojem technik uczenia maszynowego klasyfikacja wciąż ewoluuje, oferując coraz dokładniejsze i wydajniejsze rozwiązania złożonych problemów.

Regresja

Regresja to technika statystyczna i uczenie maszynowe stosowana do modelowania i analizowania relacji między zmienną zależną a jedną lub większą liczbą zmiennych niezależnych.

Głównym celem jest przewidywanie ciągłych wartości liczbowych na podstawie zmiennych objaśniających.

Według Han, Pei i Kamber (2011) regresja jest szeroko stosowana w takich dziedzinach, jak ekonomia, inżynieria i nauki społeczne, do przewidywania trendów i podejmowania świadomych decyzji.

AR **Prosta egresja liniowa** to najbardziej podstawowy rodzaj regresji, w którym związek pomiędzy zmienną zależną Y a pojedynczą zmienną niezależną X jest modelowany linią prostą.

Proste równanie regresji liniowej ma postać $Y = \beta_0 + \beta_1 X + \epsilon$, gdzie β_0 to punkt przecięcia, \(\beta_1\) to współczynnik nachylenia, a \(\epsilon \) jest terminem błędu.

Draper i Smith (1998) opisują, że metoda najmniejszych kwadratów jest powszechnie stosowana do estymacji parametrów \(\beta_0\) i \(\beta_1\), minimalizując sumę kwadratów różnic pomiędzy wartościami obserwowanymi i przewidywanymi (*Zastosowana analiza regresji*).

stosuje się **wielokrotną regresję liniową** . Równanie zostaje rozwinięte do \(Y = \beta_0 + \beta_1X_1 + \beta_2X_2 + \ldots + \beta_pX_p + \epsilon\), gdzie \(p\) oznacza liczbę zmiennych niezależnych.

Wielokrotna regresja liniowa pozwala modelować bardziej złożone relacje między zmiennymi. Montgomery, Peck i Vining (2012) podkreślają znaczenie oceny wielowspółliniowości pomiędzy zmiennymi niezależnymi, gdyż może to mieć wpływ na stabilność i interpretację szacowanych współczynników.

Chociaż **regresję logistyczną** wykorzystuje się do rozwiązywania problemów klasyfikacyjnych, często omawia się ją w połączeniu z innymi technikami regresji ze względu na jej podejście oparte na modelu liniowym.

Regresja logistyczna modeluje prawdopodobieństwo wystąpienia zdarzenia binarnego (takiego jak sukces/porażka) i jest przydatna, gdy zmienna zależna ma charakter kategoryczny. Hosmer, Lemeshow i Sturdivant (2013) wyjaśniają, że funkcja logistyczna przekształca wynik liniowy w prawdopodobieństwa, ułatwiając interpretację wyników.

W przypadku nieliniowych relacji między zmienną zależną a zmiennymi niezależnymi można zastosować **regresję wielomianową** i inne formy regresji nieliniowej.

Regresja wielomianowa jest rozszerzeniem regresji liniowej, w której zależność jest modelowana za pomocą wielomianu stopnia \(n\). Hastie, Tibshirani i Friedman (2009) opisują, że regresja wielomianowa może uchwycić krzywizny danych, zapewniając lepsze dopasowanie, gdy zależność liniowa nie jest wystarczająca.

Ocena modeli regresji ma kluczowe znaczenie dla zapewnienia dokładności i skuteczności przewidywań. Typowe metryki obejmują błąd średniokwadratowy (MSE), średni błąd bezwzględny (MAE) i współczynnik determinacji (R^2).

Witten, Frank i Hall (2011) podkreślają, że metryki te pomagają zmierzyć rozbieżność między wartościami przewidywanymi i obserwowanymi, dostarczając informacji o jakości modelu.

Dodatkowo analiza reszt służy do weryfikacji adekwatności modelu poprzez identyfikację możliwych naruszeń założeń regresji.

Regresja to wszechstronna i skuteczna technika eksploracji danych, posiadająca kilka wariantów, które można zastosować do różnych typów problemów.

Od prostych modeli liniowych po złożone podejścia nieliniowe, regresja oferuje solidną metodologię przewidywania ciągłych wartości liczbowych i analizowania relacji między zmiennymi.

Wybór odpowiedniego modelu wraz z wnikliwą oceną i interpretacją wyników ma fundamentalne znaczenie dla powodzenia praktycznego zastosowania regresji.

Grupowanie

Grupowanie lub grupowanie to technika eksploracji danych, która ma na celu podzielenie zestawu danych na grupy (klastry), tak aby obiekty w tej samej grupie były do siebie bardziej podobne niż do obiektów w innych grupach.

Celem grupowania jest odkrycie podstawowej struktury danych, dostarczając przydatnych informacji bez potrzeby stosowania wcześniej zdefiniowanych etykiet. Technika ta jest szeroko stosowana w kilku obszarach, w tym w biologii, marketingu, rozpoznawaniu wzorców i analizie obrazu.

Istnieje kilka **algorytmów grupowania**, każdy z nich ma swoją specyficzną charakterystykę i jest odpowiedni dla różnych typów danych i celów. Najpopularniejsze obejmują k-średnie, klastrowanie hierarchiczne i DBSCAN (przestrzenne klastrowanie aplikacji oparte na gęstości z szumem).

k **-means** to jeden z najprostszych i najczęściej używanych algorytmów grupowania. Dzieli zbiór danych na klastry k, gdzie k jest parametrem zdefiniowanym przez użytkownika.

MacQueen (1967) opisał algorytm k-średnich, który działa iteracyjnie, aby zminimalizować sumę odległości kwadratowych między punktami a środkiem ciężkości ich skupienia. Jest wydajny pod względem czasu obliczeń, ale może być wrażliwy na wartości odstające i początkowy wybór centroid.

Klastrowanie hierarchiczne nie wymaga apriorycznego określenia liczby klastrów. Zamiast tego buduje hierarchię klastrów w sposób aglomeracyjny (oddolny) lub dzielący (odgórny).

Johnson (1967) wprowadził metodę aglomeracyjną, w której każdy punkt zaczyna się od pojedynczego skupienia, a na każdym etapie najbliższe skupienia są łączone, aż wszystkie punkty znajdą się w jednym skupieniu. Metoda ta pozwala uzyskać dendrogram, który można podzielić na różne poziomy w celu uzyskania zmiennej liczby klastrów.

Algorytm oparty na gęstości **DBSCAN** jest skuteczny w identyfikowaniu skupień o dowolnym kształcie i wykrywaniu wartości odstających. Ester i in. (1996) zaproponowali

DBSCAN, który grupuje punkty o wystarczającej gęstości i oznacza punkty, które są same w obszarach o niskim zagęszczeniu, jako szum.

DBSCAN nie wymaga określenia liczby klastrów, ale wymaga parametrów minimalnej odległości między punktami i minimalnej liczby punktów w klastrze.

Ocena jakości utworzonych klastrów jest kluczowa dla zagwarantowania przydatności analizy. Typowe metryki obejmują sumę wewnętrznych odległości klastrów (dla algorytmów takich jak k-średnie), indeks Dunna, indeks Daviesa-Bouldina i sylwetkę. Kaufman i Rousseeuw (1990) podkreślają, że metryki te pomagają mierzyć spójność i separację klastrów, zapewniając obiektywną podstawę do porównywania różnych algorytmów i konfiguracji.

Klastrowanie ma szerokie zastosowanie praktyczne. W biologii grupowanie pomaga zidentyfikować grupy genów lub białek o podobnych funkcjach.

W analizie obrazu techniki grupowania służą do segmentowania obrazów na interesujące obszary. Jain, Murty i

Flynn (1999) omawiają, że wszechstronność i możliwość zastosowania grupowania w różnych obszarach podkreślają jego znaczenie w analizie danych.

Mimo to ugrupowanie stoi przed wieloma wyzwaniami. Wybór idealnej liczby skupień (k) może być trudny i znacząco wpłynąć na wyniki. Ponadto wiele algorytmów grupowania, takich jak k-średnie, jest wrażliwych na wartości odstające i inicjalizację klastrów.

Han, Pei i Kamber (2011) sugerują techniki takie jak normalizacja danych i zastosowanie solidnych metod w celu złagodzenia tych wyzwań.

Skalowalność jest również problemem, szczególnie w przypadku bardzo dużych zbiorów danych, wymagających wydajnych algorytmów i metod próbkowania.

Klastrowanie to potężna i wszechstronna technika eksploracji danych, oferująca metody odkrywania podstawowych wzorców i struktur w nieoznakowanych danych.

Dzięki szerokiej gamie algorytmów i metryk oceny klastrowanie można dostosować do różnych typów danych i problemów, zapewniając cenne spostrzeżenia w różnych praktycznych zastosowaniach.

Wykrywanie Anomalii

Wykrywanie anomalii to technika eksploracji danych, której celem jest identyfikacja wzorców, które nie są zgodne z oczekiwanym zachowaniem lub większością danych.

Anomalie mogą wskazywać na rzadkie, ale istotne dane, takie jak oszustwa, błędy, awarie lub rzadkie zdarzenia, które wymagają zbadania.

Według Chandoli, Banerjee i Kumara (2009) wykrywanie anomalii ma kluczowe znaczenie w takich obszarach, jak bezpieczeństwo informacji, wykrywanie oszustw, monitorowanie stanu zdrowia i konserwacja predykcyjna.

Istnieje kilka podejść do wykrywania anomalii, które można podzielić na techniki nadzorowane, częściowo nadzorowane i bez nadzoru.

Wybór techniki zależy od dostępności oznaczonych danych i charakteru problemu.

W **technikach nadzorowanych** model jest szkolony na oznaczonym zbiorze danych, który zawiera przykłady anomalii i normalnych zachowań.

Typowe metody obejmują regresję logistyczną, sieci neuronowe i maszyny wektorów nośnych (SVM). Breuniga i in. (2000) wprowadzili koncepcję lokalnego współczynnika odstającego (LOF), który ocenia lokalną gęstość każdego punktu w porównaniu z sąsiadami, identyfikując anomalie w obszarach o niskim zagęszczeniu.

Techniki półnadzorowane wykorzystują zbiór danych składający się głównie z normalnych przykładów. Model jest szkolony w zakresie rozpoznawania normalnego zachowania, a następnie identyfikuje odchylenia od tego zachowania jako anomalie.

Chapelle, Scholkopf i Zien (2006) omawiają, że techniki częściowo nadzorowane są przydatne, gdy trudno jest uzyskać znaczną liczbę przykładów anomalii.

Opierając się na założeniu, że anomalie są rzadkie i różnią się od normalnych danych, **techniki nienadzorowane** nie wymagają oznakowanych danych. Do identyfikacji klastrów można zastosować algorytmy takie jak k-średnie, grupowanie hierarchiczne i DBSCAN, gdzie punkty nie należące do żadnego znaczącego klastra są uważane za anomalie.

Hodge i Austin (2004) podkreślają, że techniki bez nadzoru mają zastosowanie w scenariuszach, w których nie ma wcześniejszej wiedzy na temat natury anomalii.

Oprócz klasycznych podejść do uczenia maszynowego, w wykrywaniu anomalii szeroko stosowane są metody statystyczne i oparte na modelach. Metody te zakładają, że dane mają znany rozkład i identyfikują anomalie jako punkty, które znacznie odbiegają od tego rozkładu.

Metody statystyczne wykorzystują właściwości statystyczne danych, takie jak średnia i odchylenie standardowe, w celu identyfikacji anomalii. Na przykład analiza głównych składowych (PCA) zmniejsza wymiarowość danych i identyfikuje anomalie w oparciu o odchylenia od głównych składowych.

Modele oparte na gęstości, takie jak DBSCAN, identyfikują obszary o dużej gęstości punktów i klasyfikują punkty w obszarach o niskiej gęstości jako anomalie. Breuniga i in. (2000) wprowadzili LOF, który porównuje lokalną gęstość każdego punktu z gęstością jego sąsiadów, identyfikując anomalie w obszarach o niskim zagęszczeniu.

Wykrywanie anomalii ma szerokie zastosowanie praktyczne. W bezpieczeństwie informacji służy do identyfikacji podejrzanych działań lub włamań do systemów sieciowych. W wykrywaniu oszustw techniki wykrywania anomalii pomagają zidentyfikować nietypowe transakcje finansowe, które mogą wskazywać na oszustwo.

W monitorowaniu stanu zdrowia nieprawidłowości w parametrach życiowych mogą wskazywać na krytyczne schorzenia wymagające natychmiastowej uwagi. Hawkins (1980) podkreśla, że wykrywanie anomalii jest niezbędne do wczesnej identyfikacji problemów, umożliwiając podjęcie działań naprawczych, zanim staną się one krytyczne.

Mogą wystąpić pewne błędy systematyczne, takie jak duża wymiarowość danych, co może utrudniać identyfikację nieprawidłowych wzorców. Co więcej, definicja anomalii może się różnić w zależności od kontekstu, co sprawia, że wykrywanie anomalii jest zadaniem wysoce kontekstowym.

Han, Pei i Kamber (2011) sugerują zastosowanie technik redukcji wymiarowości i włączenie wiedzy dziedzinowej w celu poprawy skuteczności wykrywania anomalii.

Ponadto ocena skuteczności metod wykrywania anomalii może być skomplikowana ze względu na niedostatek oznakowanych danych.

Narzędzia i Rechnologie

Narzędzia Open source (Weka, RapidMiner itp.)

Istnieje kilka narzędzi typu open source, które są szeroko stosowane przez profesjonalistów i badaczy w dziedzinie eksploracji danych. Do najpopularniejszych należą między innymi Weka i RapidMiner.

Każde z tych narzędzi ma unikalne cechy i funkcjonalność, dzięki którym nadaje się do różnych typów zadań i użytkowników.

Weka (**Waikato Environment for Knowledge Analysis**) jest jednym z najstarszych i najbardziej szanowanych rozwiązań do eksploracji danych. Opracowany przez Uniwersytet Waikato w Nowej Zelandii, Weka jest znany z intuicyjnego interfejsu graficznego i szerokiej gamy algorytmów zaimplementowanych do zadań klasyfikacji, regresji, grupowania, asocjacji i selekcji cech.

Jedną z wielkich zalet jest możliwość importowania danych w różnych formatach, takich jak bazy danych CSV,

JSON i SQL, co ułatwia rozpoczęcie projektów eksploracji danych.

Wysoce rozszerzalna Weka umożliwia użytkownikom dodawanie nowych algorytmów i funkcjonalności w razie potrzeby, co czyni ją popularnym wyborem w środowiskach akademickich ze względu na jej solidność i łatwość użycia.

RapidMiner **to** kolejne potężne i szeroko stosowane narzędzie w dziedzinie eksploracji danych i uczenia maszynowego.

Początkowo opracowany jako projekt akademicki, RapidMiner przekształcił się w komercyjną platformę typu open source, która oferuje przyjazny dla użytkownika interfejs graficzny i solidne zintegrowane środowisko programistyczne (IDE).

Narzędzie obsługuje szeroki zakres operacji eksploracji danych, od wstępnego przetwarzania i wizualizacji danych po modelowanie i ocenę modeli predykcyjnych.

Jest szczególnie ceniony za możliwość integracji z innymi narzędziami i językami programowania, takimi jak Python i R, a także za możliwość obsługi dużych wolumenów danych.

To sprawia, że RapidMiner jest idealnym wyborem dla firm i organizacji, które potrzebują skalowalnego i elastycznego rozwiązania do analizy danych.

Inne Narzędzia

Oprócz Weka i RapidMiner istnieją inne godne uwagi narzędzia typu open source, o których warto wspomnieć. KNIME **(Konstanz Information Miner)** to platforma do analizy i raportowania danych, która umożliwia integrację różnych komponentów do eksploracji danych i uczenia maszynowego za pośrednictwem wizualnego interfejsu przepływu pracy.

Orange **to** kolejne wizualne narzędzie do analizy danych, popularne w placówkach edukacyjnych ze względu na prostotę i łatwość użycia.

Narzędzia takie jak **Apache Mahout** i **ELKI** są bardziej wyspecjalizowane i oferują zaawansowane wsparcie dla określonych zadań eksploracji danych, takich jak klastrowanie i systemy rekomendacji.

Przy wyborze narzędzia do eksploracji danych należy kierować się konkretnymi potrzebami projektu, doświadczeniem użytkownika oraz wymaganiami dotyczącymi integracji i skalowalności.

Dla porównania Weka i RapidMiner to przykłady narzędzi oferujących potężne połączenie łatwości obsługi i zaawansowanej funkcjonalności, dzięki czemu nadają się do szerokiego zakresu zastosowań eksploracji danych.

Inne narzędzia, takie jak KNIME i Orange, również oferują realne opcje, szczególnie dla użytkowników, którzy preferują bardziej wizualne i intuicyjne podejście.

Narzędzia Biznesowe

Istnieje kilka narzędzi komercyjnych, które są szeroko stosowane w eksploracji danych ze względu na ich zaawansowane funkcjonalności, solidną obsługę klienta i bezproblemową integrację z systemami korporacyjnymi.

Do najbardziej znanych i najczęściej używanych należą IBM SPSS Modeler, SAS Enterprise Miner i Microsoft Azure Machine Learning.

Każde z tych narzędzi oferuje kompleksowy zestaw funkcji, które spełniają specyficzne potrzeby różnych branż i zastosowań.

IBM **SPSS Modeler** to jedno z wiodących komercyjnych narzędzi do analizy i eksploracji danych. Znany jest z intuicyjnego interfejsu użytkownika opartego na przepływie pracy, który umożliwia użytkownikom tworzenie modeli predykcyjnych i złożonej analizy danych bez konieczności rozbudowanego kodowania.

SPSS Modeler obsługuje szeroką gamę algorytmów uczenia maszynowego i technik statystycznych, ułatwiając budowanie solidnych modeli do zadań takich jak klasyfikacja, regresja, grupowanie i wykrywanie anomalii.

Dodatkowo integracja z innymi rozwiązaniami IBM i możliwość obsługi dużych ilości danych sprawiają, że SPSS Modeler jest popularnym wyborem w środowiskach korporacyjnych, które wymagają zaawansowanej analityki i praktycznych spostrzeżeń.

SAS **Enterprise Miner** to kolejne najnowocześniejsze narzędzie w dziedzinie eksploracji danych, oferujące szeroki zakres funkcji do analizy predykcyjnej i odkrywania wiedzy.

Opracowany przez SAS Institute, Enterprise Miner jest znany ze swojej zdolności do przetwarzania dużych zbiorów danych i integracji z innymi rozwiązaniami SAS.

Oferuje graficzne środowisko programistyczne, które ułatwia tworzenie analitycznych przepływów pracy, umożliwiając użytkownikom o różnych poziomach umiejętności tworzenie i sprawdzanie złożonych modeli predykcyjnych.

SAS Enterprise Miner wyróżnia się również zaawansowanym przygotowaniem danych, wyborem zmiennych i możliwościami optymalizacji modelu, dzięki czemu idealnie nadaje się do projektów korporacyjnych, które wymagają dokładności i niezawodności.

Oparta na chmurze platforma uczenia maszynowego **Microsoft Azure Machine Learning** oferuje kompleksową gamę usług do tworzenia, szkolenia i wdrażania modeli uczenia maszynowego.

Jest wysoce skalowalny i bezproblemowo integruje się z innymi usługami Azure, takimi jak Azure Data Lake i Azure SQL Database, umożliwiając firmom wydajne zarządzanie dużymi ilościami danych i analizowanie ich.

Azure Machine Learning obsługuje szeroką gamę algorytmów uczenia maszynowego i oferuje narzędzia do automatyzacji przepływów pracy, eksperymentowania i monitorowania modeli w środowisku produkcyjnym.

Ponadto platforma oferuje zintegrowane środowisko programistyczne (IDE), które ułatwia współpracę między analitykami danych, inżynierami danych i programistami.

TIBCO Statistica, wydajna w analizie danych i uczeniu maszynowym, znana jest ze swojej zdolności do przetwarzania dużych zbiorów danych i zaawansowanych funkcji analitycznych, które obejmują techniki eksploracji tekstu, analizę szeregów czasowych i optymalizację procesów. Dobrze integruje się z innymi rozwiązaniami TIBCO, umożliwiając firmom tworzenie kompleksowych i wydajnych przepływów analitycznych.

Łatwość obsługi i elastyczność platformy sprawiają, że jest ona popularnym wyborem dla firm, które potrzebują solidnego i wszechstronnego rozwiązania do swoich potrzeb w zakresie analizy danych.

Komercyjne narzędzia do eksploracji danych, takie jak IBM SPSS Modeler, SAS Enterprise Miner, Microsoft Azure Machine Learning i TIBCO Statistica, oferują połączenie zaawansowanej funkcjonalności, obsługi klienta i integracji z systemami korporacyjnymi, które są niezbędne w przypadku dużych organizacji i złożonych projektów.

Wybór odpowiedniego narzędzia zależy od specyfiki projektu, budżetu i poziomu doświadczenia zespołu.

Te narzędzia biznesowe stanowią solidną platformę dla firm, które chcą uzyskać przydatne informacje i zoptymalizować swoje procesy decyzyjne dzięki zaawansowanej analizie danych.

Języki Programowania do eksploracji danych (Python, R)

Języki programowania odgrywają kluczową rolę w eksploracji danych, oferując potężne narzędzia i biblioteki do analizy, modelowania i wizualizacji danych.

Python i R to dwa najpopularniejsze i powszechnie używane do tego celu języki. Każdy z nich ma unikalne cechy, które czynią je odpowiednimi do różnych typów zadań i użytkowników.

Python to wszechstronny i łatwy do nauczenia język programowania, znany ze swojej prostoty i czytelności. Stało się niezwykle popularne w społeczności zajmującej się nauką o danych i data mining ze względu na szeroką gamę bibliotek i frameworków.

Niektóre z najczęściej używanych bibliotek do eksploracji danych w Pythonie obejmują:

Pandy: wysokowydajne struktury danych i operacje do manipulacji danymi, ułatwiające czyszczenie, przekształcanie i analizowanie dużych zbiorów danych.

NumPy: obsługa tablic wielowymiarowych i wysokowydajnych operacji matematycznych, niezbędnych do obliczeń numerycznych.

Scikit-learn: obszerna biblioteka do uczenia maszynowego, która zawiera algorytmy klasyfikacji, regresji, grupowania i redukcji wymiarowości.

Matplotlib i Seaborn: biblioteki wizualizacji danych, które umożliwiają tworzenie wysokiej jakości wykresów i wykresów do eksploracyjnej analizy danych.

TensorFlow i PyTorch: platformy głębokiego uczenia się, szeroko stosowane do budowania i uczenia złożonych modeli sieci neuronowych.

Python wyróżnia się także aktywną społecznością i bogatymi zasobami, w tym samouczkami, kursami online i szczegółową dokumentacją. Ułatwia to nowym użytkownikom dołączanie i współpracę przy projektach eksploracji danych.

R to język programowania i środowisko oprogramowania przeznaczone do obliczeń statystycznych i grafiki. Jest szczególnie popularny wśród statystyków i analityków danych ze względu na możliwość wykonywania złożonych analiz statystycznych i generowania szczegółowych wizualizacji danych. Niektóre z najważniejszych funkcji i pakietów R obejmują:

dplyr: pakiet do manipulacji danymi, który upraszcza operacje filtrowania, selekcji i grupowania danych.

ggplot2: potężna biblioteka do wizualizacji danych oparta na gramatyce grafów, umożliwiająca tworzenie złożonych i konfigurowalnych wykresów.

caret: funkcje tworzenia, uczenia i oceny modeli predykcyjnych, ułatwiające zastosowanie technik uczenia maszynowego.

błyszczące: Biblioteka umożliwiająca tworzenie interaktywnych aplikacji internetowych do wizualizacji i analizy danych, ułatwiając udostępnianie wyników i spostrzeżeń.

tidyr: ułatwia transformację i czyszczenie danych, ułatwiając pracę z nimi w późniejszych analizach.

R jest szeroko stosowany w badaniach akademickich i przemyśle, szczególnie w obszarach wymagających głębokiej analizy statystycznej i szczegółowych wizualizacji.

Duży nacisk na statystykę i grafikę sprawia, że jest to idealny wybór do projektów wymagających eksploracyjnej analizy danych i zaawansowanego modelowania statystycznego.

Wybór pomiędzy Pythonem a R do eksploracji danych zależy od konkretnych potrzeb projektu i doświadczenia zespołu.

Python jest preferowany ze względu na jego wszechstronność, łatwość użycia i szeroką gamę bibliotek do uczenia maszynowego i głębokiego uczenia się, co czyni go idealnym rozwiązaniem w przypadku projektów obejmujących duże ilości danych i złożone algorytmy.

Z drugiej strony język R idealnie nadaje się do szczegółowej analizy statystycznej i zaawansowanych wizualizacji i jest szeroko stosowany w badaniach akademickich i sektorach, w których analiza statystyczna ma fundamentalne znaczenie.

Obydwa języki są potężne i często nauka korzystania z obu może być korzystna dla analityków danych, którzy chcą zmaksymalizować możliwości analizy i modelowania danych.

II. PODSTAWY SZTUCZNEJ INTELIGENCJI (SI)

Wprowadzenie do Sztucznej Inteligencji

Sztuczna inteligencja (SI) to dziedzina informatyki skupiająca się na tworzeniu systemów zdolnych do wykonywania zadań, które normalnie wymagałyby ludzkiej inteligencji.

Zadania te obejmują rozpoznawanie mowy, rozumienie języka naturalnego, widzenie komputerowe, podejmowanie decyzji i rozwiązywanie problemów. Od samego początku sztuczna inteligencja starała się replikować lub symulować ludzkie procesy poznawcze w celu zbudowania maszyn, które będą mogły myśleć i działać autonomicznie i inteligentnie.

Ewolucja sztucznej inteligencji charakteryzuje się znacznym postępem w algorytmach, mocy obliczeniowej i dostępności dużych ilości danych, umożliwiając rozwój coraz bardziej wyrafinowanych i efektywnych systemów.

John McCarthy, jeden z pionierów sztucznej inteligencji, zdefiniował sztuczną inteligencję jako „naukę i inżynierię polegającą na tworzeniu inteligentnych maszyn, zwłaszcza inteligentnych programów komputerowych".

Definicja ta podkreśla dwoistość sztucznej inteligencji jako dyscypliny naukowej i inżynieryjnej, mającej na celu zrozumienie podstawowych zasad inteligencji i zastosowanie tej wiedzy do budowy użytecznych systemów.

Sztuczna inteligencja obejmuje szeroki zakres dziedzin, w tym uczenie maszynowe, sieci neuronowe, systemy ekspertowe, robotykę i przetwarzanie języka naturalnego.

Główne cele sztucznej inteligencji można podzielić na dwa główne obszary: silna sztuczna inteligencja i słaba sztuczna inteligencja. Silna sztuczna inteligencja odnosi się do rozwoju systemów posiadających ogólną inteligencję porównywalną z ludzką, zdolnych do rozumienia, uczenia się i stosowania wiedzy w szeroki i elastyczny sposób.

Ten rodzaj sztucznej inteligencji jest nadal celem teoretycznym i odległym, wymagającym pokonania wielu wyzwań technicznych i filozoficznych. Z drugiej strony słaba sztuczna inteligencja (lub wąska sztuczna inteligencja) koncentruje się na systemach zaprojektowanych do wydajnego i skutecznego wykonywania określonych zadań.

Przykładami słabej sztucznej inteligencji są wirtualni asystenci, tacy jak Siri i Alexa, systemy rekomendacji na platformach streamingowych i pojazdy autonomiczne.

Stuart Russell i Peter Norvig w swojej wpływowej książce „Sztuczna inteligencja: nowoczesne podejście" klasyfikują cele sztucznej inteligencji na cztery kategorie: systemy, które myślą jak ludzie, systemy, które działają jak ludzie, systemy, które myślą racjonalnie i systemy, które działają racjonalnie

Ta kategoryzacja zapewnia kompleksowe ramy dla zrozumienia różnorodnych podejść i celów w dziedzinie sztucznej inteligencji. Systemy, które myślą i działają jak ludzie, mają na celu replikowanie ludzkich zachowań, podczas gdy systemy, które myślą i działają racjonalnie, skupiają się na osiąganiu optymalnych wyników w oparciu o zasady logiki i podejmowania decyzji.

Krótko mówiąc, sztuczna inteligencja stanowi jedną z najbardziej ekscytujących i wymagających dziedzin współczesnej nauki i technologii.

Jej cele wahają się od tworzenia wyspecjalizowanych systemów poprawiających efektywność i skuteczność w konkretnych zadaniach, aż po ambitny cel, jakim jest rozwój maszyn o inteligencji porównywalnej z ludzką.

W związku z tym, wraz ze swoją ewolucją, sztuczna inteligencja obiecuje przekształcić wiele aspektów społeczeństwa i gospodarki, rodząc także ważne pytania etyczne i filozoficzne dotyczące przyszłości interakcji między ludźmi i maszynami.

Historia Sztucznej Inteligencji

Sztuczna inteligencja (SI) ma bogatą i zróżnicowaną historię, naznaczoną okresami wielkiego entuzjazmu i innowacji, a także momentami rozczarowania i ponownej oceny.

Od wczesnych koncepcji filozoficznych po najnowsze osiągnięcia technologiczne sztuczna inteligencja nieustannie ewoluuje, napędzana teoretycznym i praktycznym rozwojem informatyki, matematyki i neuronauki.

Idea inteligentnych maszyn sięga czasów starożytnych, kiedy greccy filozofowie, tacy jak Arystoteles, zgłębiali logikę formalną i koncepcje automatyzacji.

Jednak współczesna sztuczna inteligencja zaczęła nabierać kształtu w XX wieku wraz z rozwojem teorii obliczeń Alana Turinga.

W swojej przełomowej pracy „Computing Machinery and Intelligence" (1950) Turing zaproponował słynny „test Turinga" jako kryterium określające, czy maszyna może wykazywać inteligentne zachowanie nieodróżnialne od człowieka.

W latach pięćdziesiątych XX wieku sztuczna inteligencja stała się kierunkiem studiów. Konferencja w Dartmouth zorganizowana w 1956 r. przez Johna McCarthy'ego, Marvina Minsky'ego, Nathaniela Rochestera i Claude'a Shannona jest często uważana za oficjalny kamień milowy w narodzinach sztucznej inteligencji jako dyscypliny akademickiej.

Konferencja zgromadziła badaczy zainteresowanych maszynami, które potrafią „myśleć" i „uczyć się", kładąc podwaliny pod przyszłe badania i rozwój.

W kolejnych latach pojawiły się pierwsze programy SI, takie jak „Logic Theorist" Allena Newella i Herberta A. Simona, który potrafił udowodnić twierdzenia logiki matematycznej. Kolejnym ważnym kamieniem milowym było opracowanie „General Problem Solver" (GPS), również przez Newella i Simona, które próbowało rozwiązywać problemy w sposób podobny do ludzkiego myślenia.

Lata 70. i 80. były okresem mieszanym dla sztucznej inteligencji. Chociaż nastąpił znaczny postęp, np. rozwój systemów eksperckich, które mogłyby wykonywać zadania w określonych dziedzinach, takich jak diagnostyka medyczna (np. system MYCIN), zdarzały się również okresy frustracji.

Niespełnione wysokie oczekiwania i ograniczenia technologiczne doprowadziły do okresów zwanych „zimami SI", w których spadło finansowanie i zainteresowanie.

Lata 90. XX wieku to okres odrodzenia sztucznej inteligencji, napędzany rosnącą mocą obliczeniową i dostępnością dużych zbiorów danych.

Zwycięstwo komputera IBM Deep Blue nad mistrzem świata w szachach Garrym Kasparowem w 1997 r. było ikonicznym momentem, pokazującym potencjał maszyn do przewyższania ludzi w skomplikowanych zadaniach.

W pierwszej dekadzie XXI wieku uwaga skupiła się na uczeniu maszynowym – poddziedzinie sztucznej inteligencji skupiającej się na algorytmach umożliwiających maszynom uczenie się na podstawie danych.

Popularność technik takich jak sztuczne sieci neuronowe i głębokie uczenie się zaczęła rosnąć, co doprowadziło do postępu w rozpoznawaniu mowy, obrazowaniu komputerowym i przetwarzaniu języka naturalnego.

Ostatnie piętnaście lat przyniosło szybki i znaczący postęp, napędzany erą Big Data i chmury obliczeniowej. W szczególności głębokie uczenie się zrewolucjonizowało sztuczną inteligencję, umożliwiając rozwój systemów takich jak AlphaGo firmy DeepMind, która w 2016 roku pokonała mistrza świata w niezwykle złożonej grze Go.

Sztuczna inteligencja jest obecnie zintegrowana z wieloma obszarami życia codziennego, od wirtualnych asystentów i pojazdów autonomicznych po zaawansowaną diagnostykę medyczną i systemy rekomendacji na platformach cyfrowych.

Dziedzina ta nadal szybko się rozwija, a badania koncentrują się na uczynieniu systemów SI bardziej możliwymi do interpretacji, etycznymi i bezpiecznymi.

Obszary i Zastosowania SI

Kluczowe obszary obejmują uczenie maszynowe, widzenie komputerowe, przetwarzanie języka naturalnego, robotykę i generatywną sztuczną inteligencję.

Uczenie maszynowe (ML) opracowuje algorytmy, które umożliwiają maszynom uczenie się na podstawie danych i ulepszanie ich w miarę upływu czasu. Zastosowania obejmują systemy rekomendacyjne (Netflix, Amazon), diagnostykę medyczną (analiza obrazu) i prognozowanie popytu (zarządzanie zapasami).

Wizja komputerowa pozwala maszynom interpretować informacje wizualne. Znajduje zastosowanie w rozpoznawaniu twarzy (bezpieczeństwo i sieci społecznościowe), pojazdach autonomicznych (nawigacja i percepcja) oraz analizie obrazu medycznego (wykrywanie anomalii).

Przetwarzanie języka naturalnego (NLP) ułatwia interakcję między komputerami a językiem ludzkim. Zastosowania obejmują wirtualnych asystentów (Siri, Alexa), automatyczne tłumaczenie (Google Translate) i analizę nastrojów (media społecznościowe, opinie klientów).

Robotyka polega na projektowaniu robotów do wykonywania zadań fizycznych. Przykładami są roboty przemysłowe (linie montażowe), roboty usługowe (odkurzacze automatyczne, dostawy do szpitali) i eksploracja kosmosu (roboty na Marsie).

Generatywna sztuczna inteligencja tworzy oryginalne treści, takie jak grafika cyfrowa, tekst (GPT-3) i synteza mowy (lektory, wirtualni asystenci). Rewolucjonizuje kilka sektorów, oferując nowe możliwości i stawiając czoła złożonym wyzwaniom dzięki swoim rewolucyjnym zastosowaniom w naszym sposobie życia i pracy, przy rosnącym wpływie na innowacje i jakość życia.

Jednym z głównych wyzwań technicznych związanych ze sztuczną inteligencją jest przejrzystość modeli, szczególnie w przypadku głębokiego uczenia się.

Modele te są często uważane za „czarne skrzynki", w przypadku których podejmowane decyzje są trudne do interpretacji. Utrudnia to zrozumienie, w jaki sposób wyciągnięto wnioski i może prowadzić do braku zaufania do systemów sztucznej inteligencji.

Według Liptona (2016) interpretowalność modeli uczenia maszynowego jest niezbędna, aby podejmowane decyzje były zrozumiałe i wiarygodne.

Zapewnienie bezpieczeństwa i niezawodności systemów sztucznej inteligencji ma kluczowe znaczenie, szczególnie w zastosowaniach krytycznych, takich jak pojazdy autonomiczne i diagnostyka medyczna.

Modele sztucznej inteligencji muszą być w stanie poradzić sobie z nieoczekiwanymi sytuacjami i przeciwstawić się atakom kontradyktoryjnym, podczas których złośliwe dane wejściowe mają na celu oszukanie systemu.

Goodfellow i in. (2014) podkreślają, że ataki kontradyktoryjne mogą poważnie zagrozić bezpieczeństwu systemów głębokiego uczenia się, co wymaga nowego podejścia w celu poprawy odporności modeli.

Wraz z wykładniczo rosnącą ilością danych, istotnym wyzwaniem staje się potrzeba skalowalności i wydajności algorytmów SI.

Opracowanie metod, które będą w stanie efektywnie przetwarzać duże ilości danych w czasie rzeczywistym, ma kluczowe znaczenie dla praktycznego zastosowania sztucznej inteligencji.

Dean i in. (2012) omawiają znaczenie systemów rozproszonych i technik równoległości dla efektywnego radzenia sobie z dużymi zbiorami danych.

Systemy sztucznej inteligencji mogą odzwierciedlać, a nawet wzmacniać błędy obecne w danych szkoleniowych, prowadząc do nieuczciwych i dyskryminujących decyzji w obszarach takich jak rekrutacja, kredytowanie i działania policji.

Buolamwini i Gebru (2018) wykazują, że algorytmy rozpoznawania twarzy charakteryzują się znacznie wyższymi wskaźnikami błędów w przypadku kobiet i osób kolorowych, co podkreśla potrzebę opracowania metod identyfikujących i łagodzących te uprzedzenia.

Gromadzenie i analiza dużych ilości danych osobowych budzi poważne obawy dotyczące prywatności. Konieczne jest wdrożenie rygorystycznych środków bezpieczeństwa danych i zapewnienie osobom fizycznym kontroli nad swoimi danymi osobowymi.

Zarsky (2016) przekonuje, że ochrona prywatności powinna być priorytetem w erze sztucznej inteligencji, w której obowiązują jasne regulacje chroniące dane osobowe.

Automatyzacja oparta na sztucznej inteligencji może prowadzić do zastępowania miejsc pracy w różnych sektorach, powodując bezrobocie i nierówności gospodarcze. Może powodować wypieranie pracowników, ale stwarza także możliwości dla nowych form pracy, co podkreśla potrzebę polityki w zakresie przekwalifikowania i kształcenia ustawicznego.

Ustalenie, kto jest odpowiedzialny za decyzje podejmowane przez systemy SI, jest ważnym wyzwaniem etycznym. Opracowanie ram prawnych i regulacyjnych w celu zapewnienia odpowiedzialności i rozliczalności ma kluczowe znaczenie dla bezpiecznego i etycznego wdrażania sztucznej inteligencji.

Brysona i in. (2017) omawiają potrzebę jasnych regulacji przypisujących odpowiedzialność w przypadku awarii lub szkód spowodowanych przez systemy SI.

Wyzwania i względy etyczne związane ze sztuczną inteligencją są złożone i wieloaspektowe i wymagają interdyscyplinarnego podejścia angażującego naukowców, inżynierów, decydentów i całe społeczeństwo.

Proaktywne zajęcie się tymi kwestiami ma kluczowe znaczenie dla zapewnienia opracowywania i wdrażania sztucznej inteligencji w sposób etyczny i odpowiedzialny, z korzyścią dla całego społeczeństwa.

Nauczanie Maszynowe

Uczenie maszynowe (ML) to dziedzina sztucznej inteligencji, która umożliwia komputerom uczenie się na podstawie danych i z biegiem czasu ulepszanie swoich zadań bez konieczności bezpośredniego programowania.

Według Alpaydin (2016) uczenie maszynowe opiera się na założeniu, że systemy mogą uczyć się na podstawie danych, identyfikować wzorce i podejmować decyzje przy minimalnej interwencji człowieka, promując znaczący postęp w kilku obszarach, takich jak rozpoznawanie mowy, wizja komputerowa i systemy rekomendacji.

Podstawowe Koncepcje

U podstaw uczenia maszynowego leżą podstawowe pojęcia, które definiują sposób, w jaki modele uczą się i podejmują decyzje.

Według Bishopa (2006) główną ideą jest wykorzystanie danych historycznych do zbudowania modeli, które mogą przewidywać lub podejmować decyzje na podstawie nowych danych. Obejmuje to zrozumienie funkcji straty, wybór hiperparametrów i ocenę wydajności modelu.

Rodzaje Uczenia Się

Uczenie się nadzorowane jest jedną z najpowszechniejszych metod i polega na użyciu oznakowanego zbioru danych do uczenia modelu.

Russell i Norvig (2010) wyjaśniają, że w tym typie uczenia się celem jest nauczenie się mapowania danych wejściowych na wyniki, wykorzystując jako podstawę oznaczone dane.

Przykłady obejmują klasyfikację i regresję, gdzie model jest oceniany pod kątem jego zdolności do przewidywania prawidłowych etykiet dla nowych danych wejściowych.

W przeciwieństwie do uczenia się nadzorowanego, uczenie się bez nadzoru nie wykorzystuje oznakowanych danych. Według Murphy'ego (2012) celem jest znalezienie ukrytych struktur lub wzorców w danych. Typowe techniki obejmują grupowanie i redukcję wymiarowości.

Na przykład klastrowanie polega na próbie grupowania podobnych danych bez wcześniejszych wskazówek, co pozwala uzyskać ważne spostrzeżenia na temat struktury danych.

Uczenie się częściowo nadzorowane łączy elementy metod nadzorowanych i bez nadzoru. Jak opisali Chapelle, Schölkopf i Zien (2006), wykorzystuje niewielką ilość oznakowanych danych wraz z dużą ilością danych nieoznaczonych.

Takie podejście jest przydatne, gdy etykietowanie danych jest kosztowne lub czasochłonne, umożliwiając modelowi wykorzystanie danych nieoznaczonych w celu poprawy dokładności.

W uczeniu się przez wzmacnianie agent uczy się podejmować decyzje metodą prób i błędów, otrzymując nagrody lub kary. Sutton i Barto (2018) podkreślają, że metoda ta inspirowana jest uczeniem się zachowań u ludzi i zwierząt, gdzie sekwencja działań prowadzi do skumulowanej nagrody, a celem agenta jest maksymalizacja tej nagrody w czasie.

Wspólne Algorytmy

Regresja liniowa to prosty i szeroko stosowany algorytm w uczeniu nadzorowanym, służący do modelowania relacji między zmienną zależną a jedną lub większą liczbą zmiennych niezależnych.

Według Sebera i Lee (2012) regresja liniowa ma na celu dopasowanie linii minimalizującej sumę kwadratów różnic między przewidywaniami modelu a rzeczywistymi wartościami danych.

Drzewa decyzyjne to struktury modeli, które dzielą dane na segmenty w oparciu o wartości cech, tworząc drzewo decyzyjne.

Mitchell (1997) wyjaśnia, że każdy węzeł wewnętrzny reprezentuje cechę, każda gałąź reprezentuje wynik testu, a każdy liść reprezentuje etykietę klasy lub wartość. Są intuicyjne i łatwe w interpretacji, ale mogą powodować nadmierne dopasowanie.

Sieci neuronowe to modele inspirowane strukturą ludzkiego mózgu, złożone z warstw sztucznych neuronów. Według Goodfellowa, Bengio i Courville (2016) sieci neuronowe są w stanie wychwytywać złożone wzorce i stanowią podstawę głębokiego uczenia się, które jest szczególnie skuteczne w zadaniach takich jak rozpoznawanie obrazów i przetwarzanie języka naturalnego.

Ocena wydajności modelu uczenia maszynowego ma kluczowe znaczenie dla zapewnienia jego skuteczności. Powers (2011) podkreśla znaczenie takich wskaźników, jak precyzja, zapamiętywanie, wynik F1 i krzywa ROC.

Ponadto walidacja krzyżowa jest ważną techniką oceny generalizacji modelu, pomagającą uniknąć nadmiernego dopasowania i zapewniającą dobre działanie modelu w przypadku niewidocznych danych.

Uczenie maszynowe to dynamiczna i istotna dziedzina w epoce informacji, zapewniająca potężne narzędzia do analizy i interpretacji dużych ilości danych.

Dzięki różnym typom uczenia się i różnorodnym algorytmom modele ML są w stanie rozwiązywać złożone problemy i oferować innowacyjne rozwiązania.

Ciągłe badania i rozwój w tej dziedzinie obiecują jeszcze większe postępy, rozszerzając wpływ uczenia maszynowego na różne sfery społeczeństwa.

Sieci Neuronowe i Głębokie Uczenie Się

Struktura Sieci Neuronowych

Sieci neuronowe to podkategoria uczenia maszynowego inspirowana strukturą i funkcjonowaniem ludzkiego mózgu. Składają się z warstw jednostek zwanych neuronami, które przetwarzają informacje i przesyłają sygnały.

Według Goodfellowa, Bengio i Courville (2016) sieci neuronowe potrafią uczyć się złożonych reprezentacji danych, co czyni je szczególnie skutecznymi w zadaniach takich jak rozpoznawanie obrazów i przetwarzanie języka naturalnego.

Typowa sieć neuronowa składa się z trzech typów warstw: warstwy wejściowej, jednej lub więcej warstw ukrytych i warstwy wyjściowej.

Każdy neuron w warstwie jest połączony z neuronami w następnej warstwie za pomocą regulowanych wag, zgodnie z opisem Nielsena (2015).

Głębokie sieci, czyli *głębokie uczenie się*, mają wiele ukrytych warstw, umożliwiających modelowanie złożonych wzorców i abstrakcji wysokiego poziomu w danych.

Algorytm Propagacji Wstecznej

Algorytm **propagacji wstecznej** jest podstawową techniką uczenia sztucznych sieci neuronowych. Metoda ta, wprowadzona przez Rumelharta, Hintona i Williamsa w 1986 roku, umożliwia aktualizację wag sieci neuronowej poprzez obliczenie gradientu błędu w odniesieniu do każdej wagi.

Proces ten składa się z dwóch głównych etapów: propagacji sygnału wejściowego w sieci (przebieg w przód) i propagacji błędu z powrotem w sieci (przebieg w tył).

W pierwszym etapie dane wejściowe są przetwarzane warstwa po warstwie, aż dotrą do danych wyjściowych, gdzie błąd oblicza się poprzez porównanie rzeczywistego wyniku z pożądanym wynikiem.

W następnym kroku błąd ten jest propagowany z powrotem w sieci, przy czym wagi są dostosowywane zgodnie z regułą opadania gradientu, aby zminimalizować błąd.

Technika ta była rewolucyjna, ponieważ umożliwiła uczenie wielowarstwowych sieci neuronowych, zwanych także sieciami głębokimi.

Jak zauważyli Goodfellow, Bengio i Courville, „propagacja wsteczna zapewnia skuteczny sposób obliczania gradientów niezbędnych do dostrojenia parametrów sieci" (Goodfellow i in., 2016).

Koncepcja Głębokiego Uczenia Się

Głębokie uczenie się lub głębokie uczenie się odnosi się do klasy algorytmów uczenia maszynowego, które wykorzystują sztuczne sieci neuronowe z wieloma warstwami (głębokie sieci neuronowe).

Dziedzina ta zyskała na znaczeniu dzięki możliwości modelowania złożonych wzorców i abstrakcyjnych reprezentacji na podstawie dużych ilości danych.

W przeciwieństwie do tradycyjnych metod uczenia maszynowego, które wymagają inżynierii funkcji, głębokie uczenie się umożliwia automatyczne wyodrębnianie odpowiednich funkcji z surowych danych.

Osiąga się to poprzez wiele warstw przetwarzania nieliniowego, z których każda przekształca reprezentację danych w sposób hierarchiczny.

Według Iana Goodfellowa, Yoshuy Bengio i Aarona Courville'a „głębokie uczenie się jest częścią rodziny metod uczenia maszynowego opartych na sztucznych sieciach neuronowych, różniących się głębokością zastosowanej architektury sieci" (Goodfellow i in., 2016)..

Architektury Głębokiego Uczenia Się (CNN, RNN, GAN)

Konwolucyjne **sieci neuronowe (CNN)** to rodzaj architektury głębokiego uczenia się, która jest szczególnie skuteczna w zadaniach związanych z wizją komputerową, takich jak rozpoznawanie obrazu i wykrywanie obiektów.

Sieci CNN wykorzystują warstwy splotowe, które nakładają filtry na małe obszary sygnału wejściowego, umożliwiając wychwytywanie hierarchicznych cech przestrzennych i redukcję liczby parametrów w porównaniu do w pełni połączonych sieci.

Inspiracją dla niego była organizacja kory wzrokowej zwierząt opisana przez LeCuna, Bengio i Hintona: „Sieci CNN są specjalnie zaprojektowane do przetwarzania danych w postaci wielu matryc, takich jak obraz o szerokości i wysokości" (LeCun i in., 2015).

Zaprojektowane do przetwarzania danych sekwencyjnych, **rekurencyjne sieci neuronowe (RNN)** idealnie nadają się do zadań takich jak przetwarzanie języka naturalnego i szeregi czasowe.

Cechą wyróżniającą sieci RNN jest ich zdolność do utrzymywania stanu ukrytego, który przechwytuje informacje o poprzednich danych wejściowych, dzięki czemu sieć ma pamięć krótkotrwałą.

Tradycyjne sieci RNN mają jednak problemy z zanikaniem i eksplozją gradientu, co ogranicza ich zdolność do wychwytywania długoterminowych zależności.

Aby złagodzić te problemy, opracowano warianty takie jak długa pamięć krótkotrwała (LSTM) i bramkowane jednostki rekurencyjne (GRU).

Jak omówili Hochreiter i Schmidhuber, „LSTM zostały zaprojektowane w celu przezwyciężenia ograniczeń klasycznych RNN poprzez umożliwienie skuteczniejszego wychwytywania długoterminowych zależności" (Hochreiter i Schmidhuber, 1997).

Wprowadzone przez Iana Goodfellowa w 2014 r. **Generacyjne sieci przeciwstawne (GAN)** to klasa modeli głębokiego uczenia się, które składają się z dwóch konkurujących ze sobą sieci neuronowych: sieci generatora i sieci dyskryminatora.

Sieć generatorów tworzy fałszywe dane imitujące dane rzeczywiste, natomiast sieć dyskryminacyjna próbuje rozróżnić dane prawdziwe od fałszywych.

Ten proces rywalizacji, znany jako gra min-max, prowadzi obie sieci do ciągłego doskonalenia swoich umiejętności, w wyniku czego powstają generatory zdolne do generowania wysoce realistycznych danych.

Goodfellow i in. podkreślają, że „sieci GAN oferują potężne i wszechstronne podejście do generowania wysokiej jakości próbek na podstawie złożonych rozkładów danych" (Goodfellow i in., 2014).

Przetwarzanie Języka Naturalnego (NLP)

Przetwarzanie języka naturalnego (NLP) to interdyscyplinarna dziedzina, która łączy lingwistykę, informatykę i sztuczną inteligencję, aby umożliwić maszynom rozumienie, interpretowanie i generowanie ludzkiego języka w znaczący sposób.

Celem NLP jest ułatwienie interakcji między ludźmi a komputerami poprzez umożliwienie komputerom przetwarzania i analizowania dużych ilości danych językowych.

Ewolucja NLP napędzana jest postępem w algorytmach uczenia maszynowego, zwiększoną mocą obliczeniową i dostępnością dużych ilości danych tekstowych.

Według Jurafsky'ego i Martina „NLP obejmuje algorytmy zajmujące się zadaniami językowymi, takimi jak tłumaczenie maszynowe, analiza nastrojów, rozpoznawanie mowy i inne" (Jurafsky i Martin, 2009).

Techniki NLP (tokenizacja, stemming, lematyzacja)

Tokenizacja to proces dzielenia tekstu na mniejsze jednostki zwane „tokenami", którymi mogą być słowa, słowa podrzędne lub znaki. Jest to kluczowy krok w wielu zastosowaniach NLP, ponieważ ułatwia analizę i manipulowanie danymi tekstowymi.

Może mieć różny stopień złożoności, od prostego podziału tekstu na podstawie spacji i interpunkcji po bardziej zaawansowane techniki, które uwzględniają określone reguły językowe.

Na przykład tokenizacja podsłów jest stosowana w modelach takich jak BERT i GPT, gdzie słowa są dzielone na podskładniki w celu obsługi dużych i bogatych słowników.

Jak stwierdzają Manning, Raghavan i Schütze, „tokenizacja ma fundamentalne znaczenie dla przygotowania tekstu do późniejszej analizy w praktycznie wszystkich systemach NLP" (Manning i in., 2008).

Stemming to technika redukcji słów do ich form podstawowych, czyli „rdzeń", poprzez usuwanie przyrostków i przedrostków. Technikę tę stosuje się do traktowania odmian morfologicznych słowa, umożliwiając jednolite traktowanie różnych form tego samego słowa.

Na przykład słowa „bieganie", „biegacz" i „biegał" można zredukować do rdzenia „biegać". Aby osiągnąć ten cel, algorytmy Stemming, takie jak Porter Stemmer, stosują szereg reguł transformacji.

Chociaż stemplowanie może być skuteczne, często skutkuje powstaniem słów, które nie są prawdziwe, co może mieć wpływ na dokładność niektórych zastosowań NLP.

Według Portera „algorytm wynikający może być prosty, ale jest niezwykle skuteczny w zmniejszaniu wymiarowości danych tekstowych" (Porter, 1980).

Lematyzacja jest bardziej zaawansowaną techniką niż stemmming, ponieważ przekształca słowa w ich formy podstawowe, czyli „lematy", biorąc pod uwagę kontekst językowy i morfologię słowa.

W przeciwieństwie do rdzenia, który może dać nierozpoznawalne korzenie, rdzeniowanie wykorzystuje słowniki morfologiczne, aby upewnić się, że powstałe słowo jest prawidłową formą. Na przykład „bieganie" zostanie przekształcone w „bieganie", a „lepiej" zostanie przekształcone w „dobrze".

Jest dokładniejszy i często preferowany w zastosowaniach wymagających głębszego zrozumienia języka, chociaż wymaga większej mocy obliczeniowej.

Jak wyjaśniają Bird, Klein i Loper, „lematyzacja wymaga większej wiedzy językowej, ale zapewnia dokładniejsze i znaczące wyniki w przypadku wielu zadań NLP" (Bird i in., 2009).

Modelowanie Języka (Bag of Words, TF-IDF, osadzanie słów)

Model **Bag of Words (BoW)** to proste i szeroko stosowane podejście do reprezentowania tekstów w modelowaniu języka. W nim tekst jest reprezentowany jako zbiór słów, bez względu na kolejność słów, gramatykę czy kontekst.

Każdy dokument jest konwertowany na wektor częstotliwości słów, gdzie każda pozycja wektora odpowiada słowu w całym słowniku, a wartość na tej pozycji wskazuje częstotliwość występowania tego słowa w dokumencie.

Chociaż BoW jest prosty w implementacji i wydajny obliczeniowo, ma istotne ograniczenia, takie jak niemożność uchwycenia znaczenia semantycznego i relacji między słowami. Według Manninga, Raghavana i Schütze „model BoW jest skuteczny w przypadku podstawowych zadań NLP, ale traci informacje o kolejności słów i kontekście" (Manning i in., 2008).

TF-IDF (Term Frequency-Inverse Document Frequency) to technika modelowania języka, która ulepsza model BoW, biorąc pod uwagę nie tylko częstotliwość występowania terminów, ale także znaczenie terminów w odniesieniu do zestawu dokumentów.

TF (częstotliwość terminów) mierzy częstotliwość słowa w dokumencie, podczas gdy IDF (odwrotna częstotliwość dokumentu) ocenia rzadkość słowa we wszystkich dokumentach.

Iloczyn tych dwóch miar daje wartość TF-IDF, która rośnie wraz z częstotliwością występowania słowa w dokumencie, ale jest równoważona przez rzadkość występowania słowa w innych dokumentach.

Ta metoda pomaga wyróżnić słowa, które są ważne dla treści konkretnego dokumentu, ale na tyle powszechne, że nie stanowią szumu.

Jak zauważył Jones, „TF-IDF jest kluczowym narzędziem do wyszukiwania informacji i eksploracji tekstu" (Jones, 1972).

Osadzanie słów to gęste reprezentacje wektorowe słów, które oddają ich relacje semantyczne i kontekstowe w przestrzeni wielowymiarowej. W przeciwieństwie do modeli BoW i TF-IDF, osadzanie słów pozwala zachować semantykę słów, dzięki czemu słowa o podobnym znaczeniu mogą znajdować się blisko siebie w przestrzeni wektorowej.

Popularne techniki generowania osadzania obejmują Word2Vec, GloVe (globalne wektory do reprezentacji słów) i FastText. Metody te wykorzystują sieci neuronowe do uczenia się rozproszonych reprezentacji słów na podstawie kontekstu, w jakim pojawiają się one w tekście.

Mikolov i in. podkreślają, że „osadzanie słów zmienia modelowanie języka, umożliwiając algorytmom uczenia maszynowego skuteczniejsze zrozumienie relacji semantycznych i składniowych" (Mikolov i in., 2013).

Aplikacje NLP (analiza nastrojów, tłumaczenie maszynowe, chatboty)

Analiza sentymentów to popularne zastosowanie NLP, które polega na identyfikowaniu i wydobywaniu subiektywnych opinii z tekstu, takiego jak recenzje produktów, posty w mediach społecznościowych i komentarze klientów.

Celem jest określenie polaryzacji (pozytywnej, negatywnej lub neutralnej) oraz intensywności emocji wyrażanych w tekstach. Techniki NLP, takie jak BoW, TF-IDF i osadzanie słów, są łączone z algorytmami uczenia maszynowego w celu tworzenia modeli klasyfikujących nastroje.

Liu wskazuje, że „analiza nastrojów jest niezbędna dla firm, które chcą zrozumieć percepcję klientów i odpowiednio dostosować swoje strategie" (Liu, 2012).

Tłumaczenie maszynowe wykorzystuje techniki NLP do tłumaczenia tekstów z jednego języka na inny. Tradycyjne modele, takie jak statystyczne tłumaczenie maszynowe (SMT), zostały w dużej mierze zastąpione modelami neuronowego tłumaczenia maszynowego (NMT), które wykorzystują głębokie sieci neuronowe do uczenia się tłumaczeń dokładnych kontekstowo.

Zaawansowane modele, takie jak Transformer, opracowane przez Vaswani i in., zrewolucjonizowały tłumaczenie maszynowe, umożliwiając dokładniejsze i płynniejsze tłumaczenia.

„Modele NMT, zwłaszcza oparte na transformatorach, znacznie przewyższają metody tradycyjne pod względem jakości tłumaczenia" (Vaswani i in., 2017).

Systemy NLP, które komunikują się z użytkownikami za pomocą języka naturalnego, **Chatboty** wykonują zadania takie jak obsługa klienta, wsparcie techniczne i zapytania informacyjne. Używają modeli językowych i technik NLP, aby zrozumieć i wygenerować odpowiednie reakcje.

Wraz z rozwojem technologii, takich jak BERT i GPT, chatboty stały się bardziej wyrafinowane, zdolne do zrozumienia złożonych kontekstów i generowania humanizowanych odpowiedzi.

„Nowoczesne chatboty, zasilane zaawansowanymi modelami językowymi, zmieniają sposób, w jaki firmy wchodzą w interakcję z klientami" (Radziwill i Benton, 2017).

Wizja Komputerowa

Przetwarzanie Obrazu

Widzenie komputerowe to dziedzina sztucznej inteligencji, która koncentruje się na umożliwianiu maszynom interpretowania i rozumienia świata wizualnego.

Korzystając z zaawansowanych algorytmów, maszyny są szkolone w zakresie przetwarzania i analizowania obrazów i filmów w sposób podobny do ludzkiego oka, w różnych zastosowaniach, od rozpoznawania twarzy po autonomiczną jazdę.

Widzenie komputerowe obejmuje kilka etapów, w tym pozyskiwanie obrazu, wstępne przetwarzanie, segmentację, ekstrakcję cech i rozpoznawanie wzorców.

Według Szeliskiego „wizja komputerowa ma na celu opracowanie metod, które pomogą komputerom zrozumieć i zinterpretować treść wizualną obrazów i filmów" (Szeliski, 2010).

Przetwarzanie obrazu to kluczowy podobszar wizji komputerowej, który zajmuje się transformacją i analizą obrazów cyfrowych w celu poprawy ich jakości lub wydobycia przydatnych informacji.

Można go podzielić na kilka etapów. Pierwszym krokiem w przetwarzaniu obrazu jest akwizycja, podczas której obrazy są rejestrowane za pomocą urządzeń takich jak aparaty cyfrowe, skanery lub czujniki.

Przetwarzanie wstępne obejmuje zastosowanie technik poprawiających jakość obrazu i przygotowujących dane do późniejszej analizy. Może to obejmować operacje takie jak usuwanie szumu, regulacja kontrastu, wyrównywanie histogramu i wygładzanie.

Gonzalez i Woods stwierdzają, że „przetwarzanie wstępne jest niezbędne do skorygowania i ulepszenia obrazu przed wykonaniem jakiejkolwiek szczegółowej analizy" (Gonzalez i Woods, 2002).

Segmentacja to proces dzielenia obrazu na odrębne części lub obiekty, ułatwiający analizę określonych elementów.

Typowe techniki segmentacji obejmują progowanie, wykrywanie krawędzi i grupowanie. Ma fundamentalne znaczenie dla identyfikacji i rozpoznawania obiektów na obrazie.

Po segmentacji przeprowadzana jest ekstrakcja cech w celu zidentyfikowania i wyizolowania najbardziej odpowiednich części obrazu. Kształty, tekstury, kolory i wzory są przydatne do rozpoznawania obiektów.

Haralick i in. opisują, że „ekstrakcja cech polega na przekształceniu podzielonego na segmenty obrazu w formę łatwiejszą do analizy i klasyfikacji" (Haralick i in., 1973).

Na etapie rozpoznawania wzorców wyodrębnione cechy są klasyfikowane i interpretowane w celu identyfikacji obiektów lub wzorców na obrazie.

Techniki uczenia maszynowego, takie jak splotowe sieci neuronowe (CNN), są często wykorzystywane do uczenia modeli, które potrafią z dużą dokładnością rozpoznawać i klasyfikować wzorce wizualne.

Według LeCuna, Bengio i Hintona „sieci CNN zrewolucjonizowały rozpoznawanie wzorców, umożliwiając znaczny postęp w dokładności rozpoznawania obiektów" (LeCun i in., 2015).

Wykrywanie i Rozpoznawanie Obiektów

Wykrywanie i rozpoznawanie obiektów to podstawowe podobszary widzenia komputerowego, które koncentrują się na lokalizowaniu i identyfikowaniu określonych obiektów na obrazach lub filmach.

Są niezbędne w szerokim zakresie zastosowań, od bezpieczeństwa i nadzoru po systemy wspomagania kierowcy i interfejsy człowiek-maszyna.

Polega na identyfikacji obecności jednego lub większej liczby obiektów na obrazie i określeniu ich położenia za pomocą obwiedni.

Jest to trudne zadanie ze względu na zmienność skal, pozycji, okluzji i warunków oświetleniowych. Metody klasyczne obejmują techniki oparte na przesuwanych oknach i deskryptorach cech, takich jak Histogram zorientowanych gradientów (HOG) i SIFT.

Jednak wraz z rozwojem głębokich sieci neuronowych opracowano dokładniejsze i wydajniejsze metody, takie jak:

Wprowadzony przez Girshicka i in., R-CNN (Region-Based Convolutional Neural Networks) łączy generowanie propozycji regionów ze splotowymi sieciami neuronowymi w celu sklasyfikowania każdego proponowanego regionu.

Jeśli chodzi o metodę wykrywania obiektów w czasie rzeczywistym, YOLO (You Only Look Once) przetwarza cały obraz na raz, dzieląc go na siatkę i przewidując ramki ograniczające oraz prawdopodobieństwa klas dla każdej komórki siatki.

Redmon i in. stwierdzają, że „YOLO jest niezwykle szybkie i można go używać w aplikacjach czasu rzeczywistego" (Redmon i in., 2016).

SSD (**Single Shot MultiBox Detector**) wykorzystuje pojedynczą sieć neuronową do przewidywania obwiedni i wyników klas dla wielu obiektów o różnych rozmiarach.

Zapewnia to równowagę pomiędzy dokładnością i szybkością, dzięki czemu nadaje się do zastosowań mobilnych i działających w czasie rzeczywistym. „SSD osiąga dobrą dokładność i jest bardziej wydajny w porównaniu do metod opartych na propozycjach regionalnych" (Liu i in., 2016).

Rozpoznawanie obiektów wykracza poza wykrywanie, polega na identyfikacji i klasyfikacji wykrytych obiektów na określone kategorie.

Głębokie sieci neuronowe, zwłaszcza CNN, okazały się bardzo skuteczne w tym zadaniu, umożliwiając opracowanie solidnych modeli klasyfikacyjnych, które potrafią rozpoznać tysiące klas obiektów.

AlexNet, jedna z pierwszych głębokich sieci neuronowych, która osiągnęła znaczące wyniki w konkursie ImageNet Large Scale Visual Recognition Challenge (ILSVRC), opracowanym przez Krizhevsky'ego i in., „zademonstrował moc głębokich sieci i wykorzystanie procesorów graficznych do szkoleń na dużą skalę " (Krizhevsky i in., 2012).

ResNet (sieci resztkowe) wprowadził ideę połączeń resztkowych do trenowania bardzo głębokich sieci, rozwiązując problemy degradacji gradientu.

On i in. stwierdzają, że „ResNet umożliwił uczenie niezwykle głębokich sieci składających się z setek warstw, znacznie poprawiając dokładność rozpoznawania obiektów" (He et al., 2016).

Zastosowania Widzenia Komputerowego

Techniki wykrywania obiektów umożliwiają identyfikację podejrzanych działań, rozpoznawanie twarzy i śledzenie osób. Systemy te mogą wysyłać alerty w czasie rzeczywistym, zwiększając efektywność i efektywność bezpieczeństwa.

Zaawansowane systemy wspomagania kierowcy (ADAS) i pojazdy autonomiczne w dużym stopniu opierają się na wizji komputerowej w takich zadaniach, jak wykrywanie pieszych, rozpoznawanie znaków drogowych, wykrywanie pasa ruchu i unikanie kolizji.

Technologie te poprawiają bezpieczeństwo na drogach i mają fundamentalne znaczenie dla rozwoju samochodów autonomicznych.

W opiece zdrowotnej widzenie komputerowe wykorzystuje się do analizy obrazów medycznych, takich jak zdjęcia rentgenowskie, rezonans magnetyczny i tomografia komputerowa. Stosowane są do wykrywania anomalii, takich jak nowotwory i choroby, pomagając lekarzom w postawieniu trafnej i wczesnej diagnozy.

W przemyśle i handlu wizja komputerowa stosowana jest w systemach kontroli jakości, zautomatyzowanej kontroli i zarządzaniu zapasami. Na przykład systemy wizyjne mogą wykrywać wady produktów, monitorować linie produkcyjne oraz automatyzować liczenie i śledzenie towarów w magazynach.

III. INTEGRACJA DATA MINING I (SI)

Data Mining + Sztuczna Inteligencja

Integracja technik eksploracji danych i sztucznej inteligencji (SI) zapewnia potężne środowisko do wydobywania wiedzy i podejmowania decyzji.

Data Mining to proces odkrywania ukrytych wzorców i cennych informacji z dużych zbiorów danych przy użyciu metod statystycznych i algorytmów uczenia maszynowego.

Sztuczna inteligencja natomiast polega na tworzeniu inteligentnych systemów zdolnych do wykonywania zadań, które normalnie wymagają ludzkiej inteligencji, takich jak percepcja, rozumowanie i uczenie się.

Komplementarność między tymi technikami polega na zdolności eksploracji danych do dostarczania szczegółowych i ustrukturyzowanych spostrzeżeń, podczas gdy sztuczna inteligencja może interpretować, uogólniać i wykorzystywać te spostrzeżenia do przewidywania i podejmowania autonomicznych decyzji.

Na przykład algorytmy eksploracji danych mogą identyfikować wzorce w danych historycznych, które można wykorzystać do uczenia modeli sztucznej inteligencji, umożliwiając tym modelom dokonywanie dokładnych przewidywań na podstawie nowych, niewidocznych danych.

Według Hana, Kambera i Pei „eksplorację danych można postrzegać jako wstępny krok w kierunku zasilania modeli sztucznej inteligencji przetworzonymi i znaczącymi danymi" (Han i in., 2011).

Komplementarność Technik

W uczeniu nadzorowanym do uczenia modeli sztucznej inteligencji wykorzystywany jest oznaczony zbiór danych. Do przygotowania tych danych można zastosować techniki eksploracji danych, wykonując zadania takie jak czyszczenie danych, wybór funkcji i transformacja danych.

Zastosowana na przykład do przewidywania odejścia klientów, data mining może zidentyfikować istotne cechy, które wpływają na odejście klienta, a dane te są następnie wykorzystywane do uczenia modelu klasyfikacji, takiego jak sieć neuronowa lub obsługa maszyn wektorowych (SVM).

Analityka predykcyjna obejmuje wykorzystanie technik eksploracji danych w celu zidentyfikowania wzorców i trendów, które można wykorzystać do przewidywania przyszłych wyników.

Wzorce te są następnie włączane do modeli sztucznej inteligencji, które mogą tworzyć ciągłe prognozy.

Klasycznym przykładem jest prognozowanie popytu w łańcuchach dostaw, gdzie techniki eksploracji danych analizują historyczne dane dotyczące sprzedaży w celu identyfikacji wzorców sezonowych i trendów, a modele sztucznej inteligencji wykorzystują te wzorce do przewidywania przyszłego zapotrzebowania na produkty.

Przykłady Integracji i Rzeczywiste Przypadki Użycia

W połączeniu z technikami NLP integracja ta umożliwia głęboką analizę tekstu na potrzeby takich zadań, jak analiza nastrojów, klasyfikacja tematów i wyodrębnianie jednostek.

W systemach analizy nastrojów eksploracja tekstu może zidentyfikować znaczące słowa i frazy używane przez modele sztucznej inteligencji, takie jak BERT lub GPT, do oceny nastrojów wyrażanych w recenzjach produktów lub postach w mediach społecznościowych.

W opiece zdrowotnej integracja eksploracji danych i sztucznej inteligencji rewolucjonizuje medycynę personalizowaną. Techniki eksploracji danych służą do analizowania dużych ilości danych pacjentów w celu identyfikacji wzorców korelujących cechy genetyczne i behawioralne z reakcjami na leczenie.

Te spostrzeżenia są następnie wykorzystywane przez modele sztucznej inteligencji do przewidywania skuteczności konkretnych terapii dla nowych pacjentów, umożliwiając bardziej spersonalizowane i skuteczne podejście.

Obermeyer i Emanuel podkreślają, że „połączenie dużych zbiorów danych klinicznych z algorytmami sztucznej inteligencji może znacząco poprawić dokładność diagnoz i personalizację leczenia" (Obermeyer i Emanuel, 2016).

W sektorze finansowym wykrywanie oszustw stanowi krytyczne wyzwanie, w przypadku którego integracja eksploracji danych i sztucznej inteligencji okazała się bardzo skuteczna.

Do identyfikowania podejrzanych wzorców w historycznych transakcjach finansowych wykorzystuje się techniki, natomiast modele sztucznej inteligencji są szkolone w zakresie rozpoznawania i przewidywania oszukańczych zachowań w czasie rzeczywistym. Proces ten umożliwia instytucjom finansowym szybkie wykrywanie i reagowanie na podejrzane działania, minimalizując straty.

Według Ngai i in. „połączone zastosowanie algorytmów eksploracji danych i sztucznej inteligencji może wykryć złożone wzorce oszustw, które trudno byłoby zidentyfikować ręcznie" (Ngai i in., 2011).

W marketingu analiza zachowań konsumentów przynosi ogromne korzyści dzięki integracji eksploracji danych i sztucznej inteligencji. Analizowane dane transakcyjne, interakcje w mediach społecznościowych i historia przeglądania pozwalają na segmentację konsumentów na różne grupy na podstawie ich zachowań i preferencji.

Modele SI są następnie wykorzystywane do personalizacji kampanii marketingowych, rekomendowania produktów i ofert, które z dużym prawdopodobieństwem zainteresują każdy segment konsumentów.

„Personalizacja w marketingu znacznie się poprawia, gdy analitykę danych łączy się z predykcyjnymi modelami sztucznej inteligencji" – mówi Kumar (Kumar, 2013).

Big Data i Sztuczna Inteligencja

Big Data

Big Data to niezwykle duże i złożone zbiory danych, które trudno przetwarzać i analizować przy użyciu tradycyjnych narzędzi do zarządzania danymi.

Dane te mogą być generowane z różnych źródeł, w tym z sieci społecznościowych, czujników, transakcji biznesowych, dzienników serwerów i innych. Główną cechę Big Data definiuje się za pomocą „5 V": objętość, różnorodność, prędkość, prawdziwość i wartość.

Wolumen to ogromna ilość danych generowanych co sekundę, przy czym różnorodność wskazuje na różne typy danych, w tym dane ustrukturyzowane, częściowo ustrukturyzowane i nieustrukturyzowane.

Prędkość odnosi się do szybkości generowania i przetwarzania nowych danych. Prawdziwość oznacza dokładność i wiarygodność danych. Wreszcie wartość wyróżnia się znaczeniem wydobywania cennych spostrzeżeń z danych.

Big Data zrewolucjonizowało kilka branż, umożliwiając bardziej szczegółowe analizy, dokładniejsze prognozy i lepsze podejmowanie decyzji w oparciu o dane.

Według Marra „Big Data to nie tylko ilość danych, ale możliwość ich wykorzystania do transformacji przedsiębiorstw i procesów" (Marr, 2015).

Technologie Big Data

Apache Hadoop to platforma typu open source, która umożliwia rozproszone przetwarzanie dużych zbiorów danych w klastrach komputerowych przy użyciu prostego modelu programowania. Składa się z dwóch głównych elementów.

HDFS **(Hadoop Distributed File System)**, rozproszony system plików, który umożliwia przechowywanie dużych ilości danych w wielu węzłach.

Drugim komponentem jest **MapReduce,** model programowania, który umożliwia równoległe wykonywanie zadań przetwarzania danych w klastrze.

Dzieli zadanie na mniejsze podzadania (mapa), które są przetwarzane jednocześnie, a następnie łączy wyniki (redukcja).

Hadoop jest szeroko stosowany ze względu na swoją skalowalność i odporność na awarie, umożliwiając wydajne przetwarzanie dużych ilości danych.

„Hadoop stał się podstawą większości architektur Big Data ze względu na jego zdolność do przetwarzania dużych ilości danych w sposób rozproszony" (White, 2012).

Apache Spark to platforma przetwarzania danych w czasie rzeczywistym, która jest ulepszona w stosunku do modelu MapReduce platformy Hadoop. Jest znany ze swojej szybkości i łatwości obsługi, udostępniania API wysokiego poziomu w językach Java, Scala, Python i R, a także wspierania złożonych operacji przetwarzania danych.

Odporny **rozproszony zestaw danych (RDD)** to podstawowa struktura danych Sparka, która umożliwia odporne na błędy, rozproszone operacje przetwarzania danych. Spark SQL umożliwia ustrukturyzowane zapytania dotyczące dużych zbiorów danych przy użyciu języka SQL, natomiast Spark Streaming umożliwia przetwarzanie danych w czasie rzeczywistym.

Biblioteka uczenia maszynowego MLlib ułatwia tworzenie skalowalnych algorytmów uczenia maszynowego.

GraphX to API do przetwarzania wykresów i obliczeń równoległych.

Spark jest bardzo wydajny pod względem pamięci, co pozwala mu przetwarzać dane ze znacznie większą szybkością w porównaniu do Hadoopa. Zaharia i in. podkreślają, że „Spark może być nawet 100 razy szybszy niż Hadoop w przypadku niektórych aplikacji działających w pamięci" (Zaharia i in., 2016).

Wyzwania i rozwiązania dla Big Data w SI

Przetwarzanie i przechowywanie dużych ilości danych wymaga solidnej i wydajnej infrastruktury. Integracja i analiza różnych typów danych (ustrukturyzowanych, częściowo ustrukturyzowanych i nieustrukturyzowanych) może być skomplikowana.

Konieczność przetwarzania danych w czasie rzeczywistym wymaga rozwiązań, które poradzą sobie z dużą szybkością wprowadzania danych. Ponadto zapewnienie jakości i wiarygodności (prawdziwości) danych ma kluczowe znaczenie dla dokładnej analizy.

Używanie platform takich jak Hadoop i Spark do przetwarzania danych w sposób rozproszony pozwala na skalowalność poziomą.

Jednym ze sposobów integracji danych jest przyjęcie platform obsługujących różne formaty danych, takich jak Apache NiFi.

Rozwiązania takie jak Apache Spark Streaming i Apache Flink do przetwarzania danych w czasie rzeczywistym oraz Apache Atlas do zarządzania danymi przyczyniają się do zapewnienia jakości i integralności danych (Apache Atlas).

Zaawansowane Aplikacje

Data Mining w Sieciach Społecznościowych

Data Mining w mediach społecznościowych polega na analizie dużych ilości danych generowanych przez użytkowników na platformach takich jak Facebook, Twitter, Instagram i LinkedIn.

Dane te obejmują posty, polubienia, udostępnienia, komentarze i powiązania między użytkownikami, oferując bogate źródło informacji umożliwiających zrozumienie zachowań, trendów i interakcji społecznych.

Zastosowanie analizy nastrojów w oparciu o przetwarzanie języka naturalnego (NLP) ułatwia określenie opinii i emocji wyrażanych przez użytkowników w ich postach.

Można wspomnieć o możliwości identyfikacji grup użytkowników często wchodzących w interakcję ze sobą za pomocą algorytmów grafowych takich jak algorytm Louvaina. Ponadto przeanalizuj wpływ, którzy użytkownicy mają największy wpływ na ich sieci, korzystając z takich wskaźników, jak centralność stopnia, centralność pomiędzy i bliskość.

Producenci i marki korzystają z analizy nastrojów, aby zrozumieć publiczny odbiór ich produktów i dostosować swoje strategie marketingowe w czasie rzeczywistym.

Algorytmy eksploracji danych można również wykorzystać do wykrywania *fałszywych wiadomości i* zwalczania rozprzestrzeniania się fałszywych informacji.

Systemy Rekomendujące

Systemy rekomendujące to algorytmy, które sugerują użytkownikom elementy na podstawie ich preferencji i przeszłych zachowań. Są szeroko stosowane na platformach handlu elektronicznego, strumieniowym przesyłaniu multimediów, sieciach społecznościowych i wielu innych usługach online.

Filtrowanie wspólne opiera się na preferencjach i zachowaniach podobnych użytkowników w celu rekomendowania produktów.

Istnieją dwa główne podejścia: **oparte na użytkownikach**, w których polecane są elementy lubiane przez podobnych użytkowników; oraz ten, który wskazuje elementy podobne do tych, które użytkownik już polubił (**Na podstawie elementów**).

Filtrowanie oparte na treści sugeruje produkty podobne do tych, które użytkownik już skonsumował, analizując ich charakterystykę.

Modele hybrydowe łączą techniki filtrowania oparte na współpracy i zawartości, aby poprawić dokładność rekomendacji.

W życiu codziennym Netflix stosuje systemy rekomendacji, które proponują filmy i seriale na podstawie historii oglądania użytkowników.

Amazon często poleca produkty klientom na podstawie ich wcześniejszych zakupów i zachowań innych podobnych użytkowników. Jeśli chodzi o muzykę, Spotify tworzy dla użytkowników spersonalizowane playlisty na podstawie ich preferencji muzycznych.

Analityka Predykcyjna

Analityka predykcyjna wykorzystuje eksplorację danych, statystyki i techniki uczenia maszynowego do przewidywania przyszłych wyników na podstawie danych historycznych. Jest to potężne narzędzie w różnych branżach umożliwiające podejmowanie świadomych i proaktywnych decyzji.

Modele, które wiążą zmienne niezależne ze zmienną zależną w celu przewidywania wyników ciągłych lub kategorycznych, mogą przewidywać ryzyko kredytowe i wykrywanie oszustw finansowych.

Dzieląc dane na segmenty w oparciu o charakterystyki predykcyjne, można przewidzieć awarie sprzętu na potrzeby konserwacji predykcyjnej.

Innym zastosowaniem jest przewidywanie wybuchów chorób i personalizacja terapii poprzez analizę złożonych relacji między zmiennymi w celu uzyskania dokładnych przewidywań.

Automatyka i Robotyka

Automatyka i robotyka wiążą się z wykorzystaniem maszyn i algorytmów do wykonywania zadań przy niewielkiej lub żadnej interwencji człowieka. Integracja SI i Big Data zrewolucjonizowała tę dziedzinę, umożliwiając tworzenie wysoce wydajnych systemów autonomicznych.

Uczenie się przez wzmacnianie to technika, która szkoli agentów-robotów w zakresie podejmowania decyzji poprzez interakcje z otoczeniem w celu maksymalizacji nagrody.

Dzięki technologii Computer Vision roboty są w stanie „widzieć" i interpretować otaczający ich świat za pomocą kamer i algorytmów przetwarzania obrazu. Dzięki algorytmom uczenia maszynowego parametry sterowania robota można dynamicznie regulować w czasie rzeczywistym.

Tym samym coraz powszechniejsze będą pojazdy autonomiczne, sterowane algorytmami SI, umożliwiające nawigację i podejmowanie decyzji w czasie rzeczywistym, roboty zarządzające zapasami oraz sprawnie realizujące zadania kompletacji i pakowania, wykonujące precyzyjne operacje czy pomagające w terapiach rehabilitacyjnych.

IV: STUDIUM PRZYPADKU I PROJEKTY PRAKTYCZNE

Studium Przypadku 1: Data Mining dotyczących opieki zdrowotnej

Data Mining w opiece zdrowotnej to szybko rozwijająca się dziedzina, napędzana wykładniczym wzrostem cyfrowych danych dotyczących zdrowia.

Dane z elektronicznych kart zdrowia (EHR), wyrobów medycznych, badań laboratoryjnych, obrazów medycznych, a nawet urządzeń do noszenia na ciele mogą potencjalnie zmienić praktykę medyczną, zapewniając głębszy wgląd w stan zdrowia pacjentów i skuteczność leczenia.

Han, Kamber i Pei podkreślają, że „data mining może odkryć znaczące wzorce w dużych ilościach danych medycznych, co może poprawić opiekę nad pacjentem i badania medyczne" (Han i in., 2011).

Jedną z głównych zalet eksploracji danych w opiece zdrowotnej jest możliwość wczesnego przewidywania i wykrywania chorób. Na przykład algorytmy uczenia maszynowego mogą analizować dane z EHR w celu identyfikacji wzorców poprzedzających rozwój chorób przewlekłych, takich jak cukrzyca i choroby serca.

Według Obermeyera i Emanuela „przewidywanie choroby w oparciu o duże ilości danych klinicznych może prowadzić do wczesnych interwencji i poprawy wyników pacjentów" (Obermeyer i Emanuel, 2016).

Kolejną istotną korzyścią jest personalizacja zabiegów, zwana także medycyną precyzyjną. Analizując dane genomiczne wraz z historią chorób, można określić, które metody leczenia będą najskuteczniejsze dla konkretnych osób.

Dzięki zrozumieniu specyficznych mutacji genetycznych nowotworu można opracować spersonalizowane metody leczenia raka. Collins i Varmus argumentują, że „medycyna precyzyjna może radykalnie zmienić sposób leczenia chorób, czyniąc leczenie skuteczniejszym i mniej toksycznym" (Collins i Varmus, 2015).

Data Mining może również zoptymalizować zarządzanie zasobami szpitala. Analizując dane dotyczące przyjęć, wypisów i obłożenia łóżek, szpitale mogą przewidywać szczyty zapotrzebowania i efektywniej alokować zasoby.

Badania przeprowadzone przez W. Sun i współpracowników wykazały, że „modele predykcyjne mogą pomóc szpitalom lepiej zarządzać zasobami, skracając czas oczekiwania i poprawiając jakość opieki" (Sun i in., 2012).

Ograniczanie readmisji to krytyczny obszar, w którym data mining wykazała skuteczność. Identyfikacja czynników ryzyka ponownej hospitalizacji, takich jak choroby współistniejące i historia leczenia, umożliwia opracowanie interwencji profilaktycznych.

Według Van Walraven i wsp. „wykorzystywanie danych do przewidywania ponownych hospitalizacji i zapobiegania im może znacząco poprawić jakość opieki i obniżyć koszty opieki zdrowotnej" (Van Walraven i in., 2011).

Analiza skuteczności leczenia również czerpie korzyści z eksploracji danych. Badania obserwacyjne z wykorzystaniem dużych zbiorów danych mogą uzupełniać kontrolowane badania kliniczne, dostarczając dowodów na skuteczność leczenia w różnych populacjach.

Concato, Shah i Horwitz zauważają, że „badania oparte na danych obserwacyjnych mogą dostarczyć cennych informacji na temat skuteczności leczenia w świecie rzeczywistym, wykraczającym poza kontrolowane warunki badań klinicznych" (Concato i in., 2000).

Odkrywanie nowych leków można przyspieszyć dzięki eksploracji danych. Techniki analizy dużych ilości danych biologicznych i chemicznych umożliwiają identyfikację nowych celów terapeutycznych i potencjalnych związków.

Li i in. sugerują, że „data mining może znacznie skrócić czas i koszty związane z odkrywaniem nowych leków" (Li i in., 2011).

Ciągła poprawa jakości opieki to kolejna zaleta eksploracji danych. Analizując dane dotyczące wydajności i wyniki kliniczne, szpitale mogą zidentyfikować obszary wymagające poprawy i wdrożyć praktyki oparte na dowodach. Według Bates i wsp. „analiza danych klinicznych może pomóc w kształtowaniu polityki i praktyk poprawiających bezpieczeństwo pacjentów i jakość opieki" (Bates i in., 2003).

Data Mining może znacznie usprawnić zarządzanie chorobami przewlekłymi. Dzięki ciągłemu monitorowaniu danych pacjenta, takich jak pomiary glukozy lub ciśnienia krwi, pracownicy służby zdrowia mogą dostosowywać leczenie w czasie rzeczywistym, aby uniknąć powikłań.

Tang i in. stwierdzają, że „integracja ciągłych danych dotyczących zdrowia ze spersonalizowanymi interwencjami może poprawić kontrolę chorób przewlekłych i zmniejszyć liczbę hospitalizacji" (Tang i in., 2015).

Zapobieganie błędom medycznym to kluczowy obszar, w którym data mining może znacząco zmienić sytuację. Analizując wzorce poprzednich błędów, możliwe jest opracowanie systemów wczesnego ostrzegania, które zapobiegną powtórzeniu się tych błędów.

Kohn, Corrigan i Donaldson podkreślają, że „wykorzystywanie danych do identyfikowania błędów medycznych i zapobiegania im może uratować życie i znacznie poprawić bezpieczeństwo pacjentów" (Kohn i in., 2000).

Monitorowanie zdrowia publicznego można usprawnić poprzez eksplorację danych w czasie rzeczywistym. Analizując dane z wielu źródeł, w tym z mediów społecznościowych, dokumentacji szpitalnej i danych z czujników, można wykryć ogniska choroby i szybko reagować.

Brownstein i in. stwierdzają, że „integracja danych w czasie rzeczywistym może umożliwić szybsze i skuteczniejsze reagowanie na zagrożenia zdrowia publicznego" (Brownstein i in., 2008).

Badania epidemiologiczne czerpią ogromne korzyści z eksploracji danych. Duże zbiory danych umożliwiają badania kohortowe i analizy podłużne, które identyfikują czynniki ryzyka różnych chorób.

Analiza danych epidemiologicznych może pomóc w kształtowaniu polityki zdrowia publicznego i strategii zapobiegania. Porta i in. Należy zauważyć, że „eksploracja dużych zbiorów danych epidemiologicznych może ujawnić ważne powiązania, które nie byłyby wykrywalne w mniejszych badaniach" (Porta i in., 2014).

Wreszcie, dla uzyskania holistycznego spojrzenia na zdrowie pacjentów niezbędna jest integracja danych z wielu źródeł. Łącząc dane kliniczne, genomiczne, behawioralne i środowiskowe, możliwe jest pełniejsze zrozumienie czynników warunkujących zdrowie.

Raghupathi i Raghupathi podkreślają, że „integracja danych z wielu źródeł może dostarczyć potężnych spostrzeżeń, które usprawnią zapobieganie chorobom, diagnozowanie i leczenie" (Raghupathi i Raghupathi, 2014).

Studium Przypadku 2: Zastosowanie sztucznej inteligencji w finansach

Zastosowanie sztucznej inteligencji (SI) w sektorze finansowym radykalnie zmieniło sposób działania instytucji, zarządzania ryzykiem i interakcji z klientami.

Wykorzystując zaawansowane techniki sztucznej inteligencji, takie jak uczenie maszynowe, przetwarzanie języka naturalnego (NLP) i sieci neuronowe, firmy finansowe zwiększają swoje możliwości w zakresie prognozowania, automatyzacji i personalizacji usług.

Jednym z najbardziej znaczących zastosowań sztucznej inteligencji w finansach jest prognozowanie rynku i analiza inwestycji. Analizując duże ilości danych historycznych, identyfikuje wzorce, które człowiek może łatwo przeoczyć, stale ulepszając swoje przewidywania.

Według Gu, Kelly i Xiu „Metody uczenia maszynowego oferują potężne podejście do przewidywania zwrotów finansowych i zarządzania portfelami, często przewyższając tradycyjne modele" (Gu i in., 2020).

Wykrywanie oszustw to krytyczny obszar, w którym sztuczna inteligencja wykazała się dużą skutecznością. Algorytmy uczenia maszynowego mogą analizować transakcje w czasie rzeczywistym, identyfikując nietypowe wzorce wskazujące na potencjalne oszustwo.

Systemy te mogą uczyć się na każdym wykrytym przypadku oszustwa, stale poprawiając swoją dokładność. Bhattacharyya i in. stwierdzają, że „wykorzystanie technik uczenia maszynowego w wykrywaniu oszustw zaowocowało znacznie wyższymi wskaźnikami wykrywalności i mniejszą liczbą fałszywych alarmów w porównaniu z tradycyjnymi metodami" (Bhattacharyya i in., 2011).

Tradycyjnie udzielanie kredytów opierało się na modelach statycznych, które uwzględniały jedynie ograniczoną liczbę czynników.

Dzięki sztucznej inteligencji możesz analizować szeroki zakres danych, w tym zachowania płatnicze, dane z mediów społecznościowych i historię transakcji, aby lepiej ocenić ryzyko kredytowe.

Khandani, Kim i Lo podkreślają, że „modele uczenia maszynowego mogą zapewnić dokładniejsze i uczciwsze oceny kredytowe, zmniejszając ryzyko dla kredytodawców i zwiększając dostęp konsumentów do kredytów" (Khandani i in., 2010).

W rzeczywistości robo-doradcy to zautomatyzowane platformy doradztwa finansowego, które wykorzystują sztuczną inteligencję do dostarczania spersonalizowanych rekomendacji inwestycyjnych.

Analizują cele finansowe klienta, profil ryzyka i sytuację finansową, aby stworzyć dostosowane do indywidualnych potrzeb strategie inwestycyjne. Robo-doradcy zdemokratyzowali dostęp do usług doradztwa finansowego, oferując szerszemu gronu odbiorców tanie i dostępne rozwiązania inwestycyjne.

Narzędzia do zrobotyzowanej automatyzacji procesów (RPA) w połączeniu ze sztuczną inteligencją mogą wykonywać powtarzalne zadania z dużą precyzją, uwalniając zasoby ludzkie do bardziej strategicznych działań.

Vasarhelyi i Alles argumentują, że „inteligentna automatyzacja zmienia księgowość i audyt, poprawiając wydajność i redukując błędy" (Vasarhelyi i Alles, 2010).

Chatboty i wirtualni asystenci wykorzystują NLP do interakcji z klientami, odpowiadania na często zadawane pytania oraz szybkiego i skutecznego rozwiązywania problemów.

McLean i Osei-Frimpong stwierdzają, że „wirtualni asystenci napędzani sztuczną inteligencją na nowo definiują doświadczenie klienta, oferując ciągłe, spersonalizowane wsparcie" (McLean i Osei-Frimpong, 2017).

Predykcyjne modele sztucznej inteligencji mogą z większą dokładnością oceniać ryzyko rynkowe, ryzyko kredytowe i ryzyko operacyjne, umożliwiając instytucjom podejmowanie bardziej świadomych decyzji.

Selon i Perignon podkreślają, że „wykorzystanie sztucznej inteligencji w zarządzaniu ryzykiem pozwala na bardziej szczegółową analizę w czasie rzeczywistym, poprawiając zdolność instytucji do reagowania na zmiany na rynku" (Selon i Perignon, 2018).

Analizując dane klientów, instytucje finansowe mogą oferować spersonalizowane produkty, które odpowiadają konkretnym potrzebom każdego klienta.

Według Duarte i Xu „personalizacja oparta na sztucznej inteligencji może znacznie zwiększyć satysfakcję i lojalność klientów, jednocześnie poprawiając efektywność operacyjną" (Duarte i Xu, 2018).

Analiza nastrojów na rynku polega na ocenie emocji i opinii wyrażanych w tekstach, takich jak wiadomości finansowe i media społecznościowe, w celu przewidywania ruchów rynkowych. Narzędzia NLP służą do analizy dużych ilości tekstu, identyfikując trendy, które mogą mieć wpływ na ceny aktywów.

Bollen, Mao i Zeng podkreślają, że „analiza nastrojów oparta na sztucznej inteligencji może dostarczyć cennych informacji na temat oczekiwań rynkowych i pomóc inwestorom w podejmowaniu świadomych decyzji" (Bollen i in., 2011).

Zgodność z przepisami to obszar wymagający dla instytucji finansowych, biorąc pod uwagę złożoność i liczbę przepisów.

Sztuczna inteligencja może pomóc w monitorowaniu transakcji i działań finansowych, zapewniając ich zgodność ze standardami regulacyjnymi.

Shroff zauważa, że „technologia sztucznej inteligencji jest coraz częściej wykorzystywana do automatyzacji i doskonalenia procesów compliance, zmniejszając ryzyko nieprzestrzegania przepisów i związanych z nimi kar" (Shroff, 2018).

Zarządzanie portfelem z wykorzystaniem sztucznej inteligencji polega na stosowaniu zaawansowanych algorytmów w celu optymalizacji składu aktywów, równoważenia ryzyka i zwrotu. Algorytmy te potrafią szybko dostosować się do zmieniających się warunków rynkowych, skutecznie równoważąc portfele.

Jegadeesh i Titman stwierdzają, że „sztuczna inteligencja w zarządzaniu portfelem może poprawić wydajność poprzez wykorzystanie złożonych danych i wzorców, których nie można łatwo dostrzec tradycyjnymi metodami" (Jegadeesh i Titman, 1993).

Przeciwdziałanie praniu pieniędzy (AML) to kluczowy obszar, w którym sztuczna inteligencja wykazała ogromny potencjał. Algorytmy uczenia maszynowego mogą identyfikować podejrzane transakcje, pomagając instytucjom finansowym przestrzegać przepisów i zapobiegać nielegalnej działalności.

Chen i Liu sugerują, że „zastosowanie sztucznej inteligencji w przeciwdziałaniu praniu pieniędzy pozwala na dokładniejsze i szybsze wykrywanie podejrzanych działań, poprawiając skuteczność programów compliance" (Chen i Liu, 2019).

Studium Przypadku 3: Analiza nastrojów w mediach społecznościowych

Analiza nastrojów w mediach społecznościowych to nowy obszar eksploracji danych, który cieszy się coraz większym zainteresowaniem środowisk akademickich i przemysłowych.

Technika ta polega na wykorzystaniu metod obliczeniowych do identyfikacji i wydobycia z tekstów subiektywnych informacji, takich jak opinie, uczucia i emocje wyrażane przez użytkowników.

Według Panga i Lee (2008) analiza nastrojów, zwana także eksploracją opinii, jest niezbędna do zrozumienia sposobu, w jaki społeczeństwo postrzega produkty, usługi i wydarzenia, przyczyniając się do podejmowania strategicznych decyzji przez firmy.

W kontekście mediów społecznościowych analiza nastrojów korzysta z ogromnej ilości danych generowanych codziennie przez użytkowników.

Sieci społecznościowe, takie jak Twitter, Facebook i Instagram, oferują bogate źródło informacji w czasie rzeczywistym, umożliwiając firmom monitorowanie reputacji swojej marki i szybkie reagowanie na kryzysy (Liu, 2012).

Ponadto analizę nastrojów można zastosować w cyfrowych kampaniach marketingowych, umożliwiając bardziej precyzyjną segmentację odbiorców docelowych i personalizację przekazu (He, Zha i Li, 2013).

Jednym z głównych podejść w analizie nastrojów jest wykorzystanie technik uczenia maszynowego do klasyfikowania tekstów na kategorie takie jak pozytywne, negatywne lub neutralne.

W tym kontekście szeroko stosowane są algorytmy takie jak maszyny wektorów nośnych (SVM), Naive Bayes i sieci neuronowe (Sebastiani, 2002). Dokładność tych technik zależy od jakości danych szkoleniowych i cech wydobytych z tekstów, takich jak obecność słów kluczowych, emotikonów i wyrażeń idiomatycznych.

Ostatnio modele oparte na głębokim uczeniu się, takie jak splotowe sieci neuronowe (CNN) i rekurencyjne sieci neuronowe (RNN), wykazały obiecujące wyniki w analizie nastrojów w mediach społecznościowych.

Modele te są w stanie uchwycić bardziej złożone i kontekstowe relacje między słowami, poprawiając dokładność przewidywań (Socher i in., 2013).

Na przykład model BERT (Bilateral Encoder Representations from Transformers) wyróżnia się zdolnością do zrozumienia dwukierunkowego kontekstu zdań, oferując dokładniejszą analizę nastrojów (Devlin i in., 2019).

Kolejnym kluczowym aspektem analizy nastrojów jest przetwarzanie języka naturalnego (NLP). Przetwarzanie tekstów napisanych w języku naturalnym wiąże się z wyzwaniami, takimi jak niejednoznaczność semantyczna, ironia i sarkazm, które mogą zniekształcić interpretację wyrażanych uczuć (Cambria i in., 2017).

Zaawansowane narzędzia NLP, takie jak tokenizacja, lematyzacja i analiza składni, są niezbędne do przygotowania danych tekstowych do analizy nastrojów.

Zastosowanie analizy nastrojów wykracza poza marketing i zarządzanie reputacją. Stosowano go również w takich obszarach, jak polityka i zdrowie publiczne.

Na przykład w polityce analiza nastrojów może pomóc w pomiarze opinii publicznej na temat kandydatów i polityk, dostarczając informacji dla kampanii i strategii wyborczych (Tumasjan i in., 2010).

W zdrowiu publicznym analiza danych z mediów społecznościowych może zidentyfikować pojawiające się obawy i trendy związane z chorobami, pomagając w reagowaniu na epidemie i informowaniu o ryzyku (Paul i Dredze, 2011).

Pomimo zalet analiza nastrojów w mediach społecznościowych napotyka poważne wyzwania, takie jak konieczność radzenia sobie z dużymi ilościami danych i różnice językowe między różnymi użytkownikami i platformami.

Ciągła ewolucja technik uczenia maszynowego i NLP jest niezbędna, aby pokonać te wyzwania oraz poprawić dokładność i efektywność analiz (Zhang, Wang i Liu, 2018).

Podsumowując, analiza nastrojów w mediach społecznościowych to potężne narzędzie do eksploracji danych, zapewniające cenny wgląd w postrzeganie odbiorców.

Oczekuje się, że w miarę postępu technologii uczenia maszynowego i NLP obszar ten będzie nadal ewoluował, oferując firmom i badaczom nowe możliwości badania nastrojów i opinii wyrażanych w mediach społecznościowych w coraz bardziej wyrafinowany i dokładny sposób.

UWAGI KOŃCOWE

Przyszłe Trendy

Przyszłe trendy w tej dziedzinie obiecują znaczące przekształcenia kilku sektorów, od opieki zdrowotnej po finanse, a także wywarcie wpływu na życie codzienne w sposób, jakiego jeszcze nie można sobie wyobrazić.

Jednym z głównych przyszłych trendów w eksploracji danych jest rosnące wykorzystanie głębokiego uczenia się. Głębokie sieci neuronowe, zwłaszcza splotowe sieci neuronowe (CNN) i rekurencyjne sieci neuronowe (RNN), wykazały imponującą wydajność w zadaniach takich jak rozpoznawanie obrazów, przetwarzanie języka naturalnego i przewidywanie szeregów czasowych.

Modele takie jak GPT-4 i BERT już rewolucjonizują analizę tekstu, a przyszłe innowacje w tej dziedzinie prawdopodobnie doprowadzą do jeszcze bardziej wyrafinowanego i dokładnego zrozumienia złożonych danych (LeCun, Bengio i Hinton, 2015).

Kolejnym ważnym trendem jest integracja sztucznej inteligencji i eksploracji danych z Internetem Rzeczy (IoT). W sytuacji, gdy miliardy połączonych urządzeń generują ogromne ilości danych, rośnie zapotrzebowanie na zaawansowane metody analizowania i wydobywania przydatnych informacji z tych źródeł.

Połączenie IoT z technikami SI pozwoli na stworzenie bardziej inteligentnych i autonomicznych systemów, zdolnych do monitorowania, analizowania i reagowania na dane w czasie rzeczywistym, poprawiając efektywność operacyjną w różnych sektorach (Gubbi i in., 2013).

Istotnym trendem będzie także personalizacja. Możliwość analizowania dużych ilości danych w celu zrozumienia indywidualnych preferencji i zachowań umożliwi firmom dostarczanie wysoce spersonalizowanych doświadczeń.

Można to zaobserwować w platformach streamingowych, e-commerce i reklam cyfrowych, gdzie zaawansowane algorytmy rekomendacji wykorzystują eksplorację danych i sztuczną inteligencję, aby dostarczać każdemu użytkownikowi określone treści i produkty (Ricci, Rokach i Shapira, 2011).

Ponadto data mining i sztuczna inteligencja są coraz częściej stosowane w opiece zdrowotnej. Analiza dużych ilości danych medycznych może pomóc we wczesnym wykrywaniu chorób, personalizacji leczenia i zarządzaniu zdrowiem publicznym. Modele predykcyjne i systemy wspomagania decyzji klinicznych oparte na sztucznej inteligencji mogą znacząco poprawić wyniki pacjentów i efektywność systemów opieki zdrowotnej (Esteva i in., 2019).

Etyka i przejrzystość sztucznej inteligencji to także nowe kwestie, które będą kształtować przyszłość eksploracji danych. Wraz z rosnącymi obawami dotyczącymi stronniczości algorytmów, prywatności danych i odpowiedzialnego korzystania ze sztucznej inteligencji, pojawi się zapotrzebowanie na solidne ramy etyczne i regulacyjne.

Przejrzystość modeli sztucznej inteligencji dzięki technikom takim jak wyjaśnialność i audytowalność będzie miała kluczowe znaczenie dla zapewnienia zaufania i akceptacji tych technologii przez społeczeństwo (Floridi i in., 2018).

Przetwarzanie brzegowe to kolejny obiecujący trend. Ze względu na potrzebę szybszego i wydajniejszego przetwarzania danych przeniesienie obliczeń na brzeg sieci, bliżej źródeł danych, może zmniejszyć opóźnienia i zużycie przepustowości. Jest to szczególnie istotne w przypadku zastosowań czasu rzeczywistego, takich jak pojazdy autonomiczne i inteligentne miasta, gdzie kluczowe są szybkie decyzje (Shi i in., 2016).

Rośnie także współpraca między sztuczną inteligencją a ludźmi, zwana inteligencją rozszerzoną. Zamiast zastępować ludzi, sztuczna inteligencja będzie wykorzystywana do wzmacniania ludzkich możliwości, dostarczania spostrzeżeń i pomocy, które poprawiają proces podejmowania decyzji i produktywność.

Narzędzia oparte na sztucznej inteligencji, które pomagają profesjonalistom w takich dziedzinach, jak edukacja, projektowanie i inżynieria, stają się coraz bardziej powszechne (Davenport i Kirby, 2016).

Krótko mówiąc, przyszłe trendy w eksploracji danych i sztucznej inteligencji wskazują na bardziej połączony, wydajny i spersonalizowany świat. Postęp technologiczny będzie w dalszym ciągu przełamywał bariery, zapewniając nowe możliwości i wyzwania.

Włączenie tych technologii do naszego codziennego życia będzie wymagało ostrożnego i etycznego podejścia, aby zmaksymalizować korzyści przy jednoczesnej minimalizacji ryzyka.

Refleksje

Możliwość wydobywania użytecznej wiedzy z dużych ilości danych i inteligentnego jej stosowania na nowo definiuje sposób działania firm, sposób, w jaki rządy zarządzają polityką publiczną oraz sposób, w jaki jednostki wchodzą w interakcję z technologią w swoim codziennym życiu.

Jednym z głównych rozważań jest wpływ gospodarczy sztucznej inteligencji i eksploracji danych. Technologie te mają potencjał znacznego zwiększenia produktywności i wydajności, prowadząc do innowacji, które mogą wygenerować nowe gałęzie przemysłu i przekształcić istniejące.

Automatyzacja powtarzalnych zadań i możliwość podejmowania decyzji w oparciu o dane pozwala firmom skoncentrować się na bardziej strategicznych i kreatywnych działaniach, co skutkuje trwałym wzrostem gospodarczym.

Jednak powszechne przyjęcie sztucznej inteligencji i eksploracji danych również budzi obawy o przyszłość pracy. Automatyzacja może prowadzić do zastępowania stanowisk pracy w kilku obszarach, szczególnie w zadaniach rutynowych i ręcznych.

Wymaga to przekwalifikowania siły roboczej i stworzenia nowych możliwości zatrudnienia w sektorach wschodzących, a także wdrożenia polityk publicznych promujących sprawiedliwe i włączające przejście na gospodarkę cyfrową.

Kolejną kluczową kwestią jest etyka i odpowiedzialność w korzystaniu ze sztucznej inteligencji i eksploracji danych. Kwestie prywatności danych, stronniczości algorytmów i przejrzystości mają kluczowe znaczenie dla zapewnienia, że technologie te będą wykorzystywane w uczciwy i sprawiedliwy sposób.

Opracowanie i wdrożenie solidnych ram etycznych jest niezbędne do zdobycia zaufania publicznego i maksymalizacji korzyści społecznych płynących z tych innowacji.

Firmy i twórcy sztucznej inteligencji muszą zobowiązać się do stosowania przejrzystych i odpowiedzialnych praktyk, aby uniknąć dyskryminacji i zapewnić ochronę danych użytkowników.

Co więcej, sztuczna inteligencja i data mining odgrywają kluczową rolę w rozwiązywaniu globalnych wyzwań, takich jak zmiana klimatu, zdrowie publiczne i bezpieczeństwo żywnościowe.

Umiejętność analizowania danych na dużą skalę może prowadzić do ważnych odkryć naukowych i innowacyjnych rozwiązań złożonych problemów.

Sztuczną inteligencję można wykorzystać do modelowania wzorców pogodowych, przewidywania wybuchów chorób i optymalizacji produkcji rolnej, przyczyniając się do tworzenia bardziej zrównoważonego i zdrowszego świata.

W dziedzinie opieki zdrowotnej integracja sztucznej inteligencji z data mining rewolucjonizuje medycynę spersonalizowaną i badania biomedyczne. Narzędzia SI mogą analizować dane genomiczne i kliniczne, aby opracować metody leczenia dostosowane do indywidualnych potrzeb pacjentów, usprawnić wczesną diagnostykę chorób i przyspieszyć odkrywanie nowych leków.

Innowacje te mogą zmienić sposób zarządzania i świadczenia opieki zdrowotnej, zapewniając pacjentom lepsze wyniki.

Współpraca interdyscyplinarna będzie kluczowa dla dalszego rozwoju sztucznej inteligencji i eksploracji danych. Integracja wiedzy z takich dziedzin jak informatyka, statystyka, etyka, nauki społeczne i inżynieria pozwoli na opracowanie solidniejszych i skuteczniejszych rozwiązań.

Wspieranie partnerstw między środowiskiem akademickim, przemysłem i rządem będzie miało kluczowe znaczenie, aby stawić czoła wyzwaniom technicznym i społecznym, które pojawiają się w związku z przyjęciem tych technologii (Domingos, 2015).

Dlatego sztuczna inteligencja i data mining podkreślają zarówno ogromny potencjał, jak i znaczące wyzwania stojące przed tymi technologiami.

Aktywne zajmowanie się kwestiami etycznymi, gospodarczymi i społecznymi będzie miało kluczowe znaczenie dla zapewnienia szerokiego podziału korzyści płynących ze sztucznej inteligencji i eksploracji danych oraz aby technologie te przyczyniały się do bardziej sprawiedliwej, zrównoważonej i dostatniej przyszłości.

Dodatki

Słownik Terminów

Baza danych

Zorganizowany zbiór danych, zwykle przechowywany i dostępny elektronicznie z systemu komputerowego. Bazy danych mają strukturę ułatwiającą przechowywanie, wyszukiwanie i manipulowanie danymi. Można je podzielić na różne typy, takie jak relacyjne, NoSQL i chmurowe bazy danych.

System zarządzania bazami danych (DBMS)

Oprogramowanie korzystające z bazy danych do przechowywania, pobierania i zarządzania danymi. Zapewnia interfejs pomiędzy danymi a użytkownikami lub aplikacjami. Przykładami są MySQL, PostgreSQL, baza danych Oracle i Microsoft SQL Server.

Model relacyjny

Model bazy danych organizujący dane w tabele (lub relacje) wierszy i kolumn. Każda tabela ma klucz podstawowy i może być powiązana z innymi tabelami za pomocą kluczy obcych.

Magazyn danych

Proces gromadzenia, przechowywania i zarządzania danymi z wielu źródeł w celu wspierania decyzji biznesowych. Hurtownia danych to scentralizowana baza danych, która integruje dane z kilku heterogenicznych źródeł, zapewniając wydajne środowisko zapytań i analiz.

ETL (wyodrębnij, przekształć, załaduj)

Proces stosowany w hurtowni danych, polegający na wyodrębnianiu danych z różnych źródeł, przekształcaniu ich do formatu odpowiedniego do analizy i ładowaniu przekształconych danych do hurtowni danych.

duże dane

Termin opisujący duże ilości danych, ustrukturyzowanych i nieustrukturyzowanych, które są generowane z dużą szybkością i wymagają nowych technik i narzędzi do przechwytywania, przechowywania, przetwarzania i analizy. Big Data charakteryzuje się trzema V: ilością, szybkością i różnorodnością.

NoSQL

Typ bazy danych zapewniający mechanizm przechowywania i wyszukiwania danych modelowanych w inny sposób niż tabele używane w relacyjnych bazach danych. Przykłady obejmują MongoDB, Cassandra i Redis.

OLAP (przetwarzanie analityczne online)

Kategoria oprogramowania, która pozwala użytkownikom analizować informacje z wielu perspektyw. OLAP jest używany w aplikacjach do przechowywania danych w celu wykonywania złożonych zapytań i analiz dużych ilości danych.

Główny klucz

Pole lub zestaw pól w tabeli bazy danych, który jednoznacznie identyfikuje każdy rekord w tej tabeli. Żadna wartość w kluczu podstawowym nie może mieć wartości null, a każda wartość musi być unikalna.

Klucz obcy

Pole lub zestaw pól w tabeli bazy danych, który tworzy łącze pomiędzy danymi w dwóch tabelach. Klucz obcy w jednej tabeli jest odniesieniem do klucza podstawowego w innej tabeli, ustanawiając relację między tabelami.

Odniesienia bibliograficzne

Abiteboul, S., Buneman, P. i Suciu, D. (2000). *Dane w sieci: od relacji do danych półstrukturalnych i XML*. Morgana Kaufmanna.

Agrawal, R. i Srikant, R. (1994). Szybkie algorytmy dla reguł stowarzyszenia górniczego. *Materiały z 20. Międzynarodowej Konferencji na temat Bardzo Dużych Baz Danych*.

Agrawal, R., Imieliński, T. i Swami, A. (1993). Reguły skojarzeń wyszukiwania między zestawami elementów w dużych bazach danych. *Materiały z Międzynarodowej Konferencji ACM SIGMOD z 1993 r. na temat zarządzania danymi*.

Alpaydin, E. (2016). *Uczenie maszynowe: nowa sztuczna inteligencja*. MIT Press.

Avellaneda, M. i Stoikov, S. (2008). Handel o wysokiej częstotliwości w księdze zleceń z limitem. *Finanse ilościowe*, 8(3), 217-224.

Barndorff-Nielsen, OE i Shephard, N. (2001). Niegaussowskie modele oparte na Ornsteinie-Uhlenbecku i niektóre ich zastosowania w ekonomii finansowej. *Dziennik Królewskiego Towarzystwa Statystycznego: Seria B (Metodologia statystyczna)*, 63(2), 167-241.

Biskup, CM (2006). *Rozpoznawanie wzorców i uczenie maszynowe*. Skoczek.

Bollen, J., Mao, H. i Zeng, X. (2011). Nastroje na Twitterze prognozują giełdę. *Journal of Computational Science*, 2(1), 1-8.

Bolton, RJ i Hand, DJ (2002). Wykrywanie oszustw statystycznych: przegląd. *Nauki statystyczne*, 235–249.

Brockett, PL i Golden, LL (2007). Data Mining i odkrywanie wiedzy w bazach danych dla zastosowań biznesowych i finansowych. *Ekonomia obliczeniowa*, 30(2), 107-112.

Bryson, JJ, Diamantis, ME i Grant, TD (2017). O, dla i przez ludzi: luka prawna osób syntetycznych. *Sztuczna inteligencja i prawo*, 25(3), 273-291.

Buolamwini, J. i Gebru, T. (2018). Odcienie płci: różnice w dokładności międzysektorowej w komercyjnej klasyfikacji płci. *Materiały z 1. Konferencji na temat sprawiedliwości, odpowiedzialności i przejrzystości*, 77-91.

Cambria, E., Schuller, B., Xia, Y. i Havasi, C. (2017). Nowe ścieżki w badaniu opinii i analizie nastrojów. *Inteligentne systemy IEEE*, 28(2), 15-21.

Campbell, M., Hoane, AJ Jr. i Hsu, F. (2002). Głęboki błękit. *Sztuczna inteligencja*, 134(1-2), 57-83.

Chen, X. i Liu, L. (2019). Sztuczna inteligencja w przeciwdziałaniu praniu pieniędzy. *Journal of Financial Crime*, 26(3), 709-725.

Codd, EF (1970). Relacyjny model danych dla dużych współdzielonych banków danych. *Komunikaty ACM*.

Okładka, T. i Hart, P. (1967). Klasyfikacja wzorców najbliższego sąsiada. *Transakcje IEEE dotyczące teorii informacji*, 13(1), 21-27.

Data, CJ (2004). *Wprowadzenie do systemów baz danych*. Addisona-Wesleya.

Davenport, TH i Kirby, J. (2016). Jak inteligentne są inteligentne maszyny? *Przegląd zarządzania MIT Sloan*.

Devlin, J., Chang, MW, Lee, K. i Toutanova, K. (2019). BERT: Wstępne szkolenie głębokich transformatorów dwukierunkowych w zakresie rozumienia języka. *Materiały z konferencji północnoamerykańskiego oddziału Association for Computational Linguistics* w 2019 r.

Dougherty, J., Kohavi, R. i Sahami, M. (1995). Nadzorowana i nienadzorowana dyskretyzacja cech ciągłych. *Materiały z 12. Międzynarodowej Konferencji na temat uczenia maszynowego*.

Duarte, J. i Xu, M. (2018). Personalizacja oparta na sztucznej inteligencji w usługach finansowych. *Dziennik Marketingu Usług Finansowych*, 23(1), 45-59.

Elmasri, R. i Navathe, SB (2010). *Podstawy systemów baz danych*. Addison-Wesley.

Elmasri, R. i Navathe, SB (2015). *Podstawy systemów baz danych*. Osoba.

Ester, M., Kriegel, HP, Sander, J. i Xu, X. (1996). Algorytm oparty na gęstości do odkrywania klastrów w dużych przestrzennych bazach danych z szumem. *Materiały z 2. Międzynarodowej Konferencji na temat odkrywania wiedzy i eksploracji danych (KDD)*.

Esteva, A. i in. (2017). Klasyfikacja raka skóry na poziomie dermatologa z głębokimi sieciami neuronowymi. *Natura*, 542, 115-118.

Esteva, A., Robicquet, A., Ramsundar, B., Kuleshov, V., DePristo, M., Chou, K., ... i Dean, J. (2019). Przewodnik po głębokim uczeniu się w opiece zdrowotnej. *Medycyna Przyrodnicza*, 25(1), 24-29.

Fayyad, UM, Piatetsky-Shapiro, G. i Smyth, P. (1996). Od eksploracji danych do odkrywania wiedzy w bazach danych. *Magazyn SI*, 17(3), 37-54.

Floridi, L., Cowls, J., King, TC i Taddeo, M. (2018). Jak zaprojektować sztuczną inteligencję dla dobra społecznego: siedem podstawowych czynników. *Etyka nauki i inżynierii*, 24(5), 1537-1563.

Goodfellow, I. i in. (2014). Wyjaśnianie i wykorzystywanie przykładów kontradyktoryjnych. *Przedruk arXiv arXiv:1412.6572*.

Goodfellow, I., Shlens, J. i Szegedy, C. (2014). Generacyjne sieci przeciwnika. *Postępy w systemach przetwarzania informacji neuronowych*.

Gubbi, J., Buyya, R., Marusic, S. i Palaniswami, M. (2013). Internet rzeczy (IoT): wizja, elementy architektoniczne i przyszłe kierunki. *Systemy komputerowe przyszłej generacji*, 29(7), 1645-1660.

Gu, S., Kelly, B. i Xiu, D. (2020). Uczenie maszynowe w zarządzaniu aktywami: metody i zastosowania. *Przegląd studiów finansowych*, 33(3), 2241-2275.

Han, J., Pei, J. i Kamber, M. (2011). *Data Mining: koncepcje i techniki*. Morgana Kaufmanna.

Han, J., Pei, J. i Yin, Y. (2000). Wyszukiwanie częstych wzorców bez generowania kandydatów. *Materiały z Międzynarodowej Konferencji ACM SIGMOD 2000 na temat zarządzania danymi*.

Hastie, T., Tibshirani, R. i Friedman, J. (2009). *Elementy uczenia się statystycznego: data mining, wnioskowanie i przewidywanie*. Skoczek.

On, K. i in. (2016). Głębokie uczenie się szczątkowe w celu rozpoznawania obrazów. *Konferencja IEEE na temat widzenia komputerowego i rozpoznawania wzorców (CVPR)*, 770-778.

On, W., Zha, S. i Li, L. (2013). Analiza konkurencji w mediach społecznościowych i eksploracja tekstu: studium przypadku w branży pizzy. *International Journal of Information Management*, 33(3), 464-472.

Hosmer, DW, Lemeshow, S. i Sturdivant, RX (2013). *Zastosowana regresja logistyczna*. Wiley'a.

Inmon, WH (2005). *Budowanie hurtowni danych*. Johna Wileya i synów.

Jain, AK i Dubes, RC (1988). *Algorytmy grupowania danych*. Prentice Hall.

Jain, AK, Murty, MN i Flynn, PJ (1999). Klastrowanie danych: przegląd. *Ankiety ACM Computing*, 31(3), 264-323.

Jegadeesh, N. i Titman, S. (1993). Powrót do kupowania zwycięzców i sprzedawania przegranych: konsekwencje dla efektywności rynku akcji. *Dziennik Finansów*, 48(1), 65-91.

Kaufman, L. i Rousseeuw, PJ (1990). * Znajdowanie grup w danych: wprowadzenie do analizy skupień *. Wiley'a.

Khandani, AE, Kim, AJ i Lo, AW (2010). Modele ryzyka kredytu konsumenckiego za pomocą algorytmów uczenia maszynowego. *Dziennik Bankowości i Finansów*, 34(11), 2767-2787.

Kim, KJ i Ahn, H. (2016). System rekomendacyjny wykorzystujący klastry GA K-means na rynku zakupów online. *Systemy eksperckie z aplikacjami*, 34(2), 1200-1209.

Kimball, R. i Ross, M. (2013). *Zestaw narzędzi hurtowni danych*. Johna Wileya i synów.

LeCun, Y., Bengio, Y. i Hinton, G. (2015). Głęboka nauka. *Natura*, 521(7553), 436-444.

Liu, B. (2012). Analiza nastrojów i eksploracja opinii. *Wykłady syntetyczne na temat technologii języka ludzkiego*, 5(1), 1-167.

Little, RJA i Rubin, DB (2019). *Analiza statystyczna z brakującymi danymi*. Wiley'a.

Lipton, ZC (2016). Mity o interpretowalności modeli. *Przedruk arXiv arXiv:1606.03490*.

MacQueen, J. (1967). Niektóre metody klasyfikacji i analizy obserwacji wielowymiarowych. *Materiały z piątego sympozjum w Berkeley na temat statystyki matematycznej i prawdopodobieństwa*.

McCarthy, J. (2007). Czym jest sztuczna inteligencja? *Uniwersytet Stanford*.

McCarthy, J. i in. (1955). Propozycja letniego projektu badawczego w Dartmouth dotyczącego sztucznej inteligencji.

Mitchell, TM (1997). *Nauczanie maszynowe*. McGraw-Hill.

Montgomery, DC, Peck, EA i Vining, GG (2012). *Wprowadzenie do analizy regresji liniowej*. Wiley'a.

Ngai, EWT, Hu., Wong, YH, Chen, Y. i Sun, X. (2011). Zastosowanie technik eksploracji danych w wykrywaniu oszustw finansowych: ramy klasyfikacji i akademicki przegląd literatury. *Systemy wspomagania decyzji*, 50(3), 559-569.

Nilsson, NJ (2010). *W poszukiwaniu sztucznej inteligencji*. Wydawnictwo Uniwersytetu Cambridge.

Paul, MJ i Dredze, M. (2011). Jesteś tym, co tweetujesz: analiza Twittera pod kątem zdrowia publicznego. *Materiały z Piątej Międzynarodowej Konferencji AASI na temat blogów i mediów społecznościowych*.

Poole, D., Mackworth, A. i Goebel, R. (1998). *Inteligencja obliczeniowa: podejście logiczne*. Oxford University Press.

Pang, B. i Lee, L. (2008). Eksploracja opinii i analiza nastrojów. *Podstawy i trendy w wyszukiwaniu informacji*, 2(1-2), 1-135.

Quinlan, JR (1986). Indukcja drzew decyzyjnych. *Uczenie maszynowe*, 1(1), 81-106.

Rahm, E. i Do, HH (2000). Czyszczenie danych: problemy i obecne podejścia. *Biuletyn Inżynierii Danych IEEE*.

Ricci, F., Rokach, L. i Shapira, B. (red.). (2011). Wprowadzenie do podręcznika systemów rekomendacyjnych. W *Podręczniku systemów rekomendujących* (str. 1-35). Skoczek.

Russell, S. i Norvig, P. (2020). *Sztuczna inteligencja: nowoczesne podejście*. Osoba.

Russom, P. (2011). *Analiza dużych zbiorów danych*. Raport najlepszych praktyk TDWI, czwarty kwartał.

Sebastiani, F. (2002). Uczenie maszynowe w automatycznej kategoryzacji tekstu. *Ankiety ACM Computing*, 34(1), 1-47.

Shi, W., Cao, J., Zhang, Q., Li, Y. i Xu, L. (2016). Przetwarzanie brzegowe: wizja i wyzwania. *Dziennik IEEE Internet of Things*, 3(5), 637-646.

Silver, D. i in. (2016). Opanuj grę Go z głębokimi sieciami neuronowymi i przeszukiwaniem drzew. *Natura*, 529, 484-489.

Sirignano, J. i cd., R. (2019). Uniwersalne cechy kształtowania się cen na rynkach finansowych: perspektywy głębokiego uczenia się. *Finanse ilościowe*, 19(1), 1-11.

Socher, R., Perelygin, A., Wu, J., Chuang, J., Manning, CD, Ng, A. Y. i Potts, C. (2013). Rekurencyjne głębokie modele kompozycji semantycznej w banku drzew sentymentów. *Materiały z konferencji poświęconej metodom empirycznym w przetwarzaniu języka naturalnego z 2013 r.*.

Strauch, C. (2011). *Bazy danych NoSQL*. Uniwersytet Mediów w Stuttgarcie.

Tan, MX i Durlauf, SN (2017). Data Mining finansowych: Metody uczenia maszynowego umożliwiające zrozumienie rynków finansowych. *Roczny przegląd ekonomii finansowej*, 9, 473-490.

Tan, P.-N., Steinbach, M. i Kumar, V. (2019). *Wprowadzenie do eksploracji danych*. Osoba.

Turing, AM (1950). Maszyny liczące i inteligencja. *Umysł*, 59(236), 433-460.

Tumasjan, A., Sprenger, TO, Sandner, P.G. i Welpe, I.M. (2010). Przewidywanie wyborów za pomocą Twittera: co 140 znaków ujawnia na temat nastrojów politycznych. *Materiały z Czwartej Międzynarodowej Konferencji AASI na temat blogów i mediów społecznościowych*.

Vapnik, VN (1995). *Charakter statystycznej teorii uczenia się*. Skoczek.

Vaswani, A. i in. (2017). Uwaga jest wszystkim, czego potrzebujesz. *Postępy w systemach przetwarzania informacji neuronowych*.

Witten, IH, Frank, E. i Hall, MA (2011). *Data Mining: praktyczne narzędzia i techniki uczenia maszynowego*. Morgana Kaufmanna.

Zarsky, TZ (2016). Niekompatybilne: RODO w dobie dużych zbiorów danych. *Przegląd prawa Seton Hall*, 47(4), 995-1020.

Zhang, L., Wang, S. i Liu, B. (2018). Głębokie uczenie się do analizy nastrojów: ankieta. *Wiley Interdyscyplinarne recenzje: data mining i odkrywanie wiedzy*, 8(4), e1253.

www.ingramcontent.com/pod-product-compliance
Lightning Source LLC
Chambersburg PA
CBHW071451220526
45472CB00003B/757